Aufklärung zwischen Christentum und Freigeisterei

TILL KINZEL

Aufklärung zwischen Christentum und Freigeisterei

Voltaires *Briefe über Rabelais* und der Erbprinz Carl Wilhelm Ferdinand von Braunschweig-Lüneburg und die Braunschweiger Aufklärer

Erste Auflage 2023

Impressum

Diese Studie geht auf einen Vortrag im Institut für Braunschweigische Regionalgeschichte der TU Braunschweig am 16. März 2017 zurück. Es handelt sich hier um eine stark erweiterte Version, die zur Erhellung der philosophisch-theologischen Konstellationen in der europäischen Aufklärungsepoche beitragen möchte.

Bibliografische Information der Deutschen Nationalbibliothek:
Die Deutsche Nationalbibliothek verzeichnet diese Publikation in der Deutschen Nationalbibliografie; detaillierte bibliografische Daten sind im Internet über http://dnb.dnb.de abrufbar.

© 2023 Till Kinzel

Herstellung und Verlag: BoD – Books on Demand, Norderstedt

ISBN: 978-3-75688-168-0

Inhaltsverzeichnis

I. *Voltaire als Beherrscher der sittlichen Welt des 18. Jahrhunderts – die „Lettres sur Rabelais" als Schlüsseldokument* 7

II. *Die „Lettres sur Rabelais" als fiktive Briefe Voltaires und der Erbpinz Carl Wilhelm Ferdinand von Braunschweig-Lüneburg als fiktiver Adressat* 8

III. *Voltaires „Lettres sur Rabelais" als catalogue raisonnée der religions- bzw. christentumskritischen Literatur der Frühen Neuzeit* 19

IV. *Der Ausgangspunkt: Rabelais* 26

V. *Französische Enfants terribles der Philosophie: La Mettrie und Meslier bei Voltaire* 28

VI. *Die Auseinandersetzung mit Voltaire in Braunschweig aus theologischer Sicht: Abt Jerusalems „Betrachtungen über die vornehmsten Wahrheiten der Religion"* 31

VII. *Voltaires „Lettres sur Rabelais" im Kontext seiner literarischen Schriften von „L'Ingenu" zu „La Princesse de Babylon"* 33

VIII. *Voltaire und das Bild der Juden in den „Lettres sur Rabelais", mit einem Hinweis auf den Briefwechsel zwischen Carl Wilhelm Ferdinand und Moses Mendelssohn über Judentum und Christentum* 37

IX. *Die Auseinandersetzung mit Voltaire in Braunschweig aus literaturkritischer Sicht: Johann Joachim Eschenburg* 41

X. *Coda: Voltaires Spuren nach dem Ende seines Jahrhunderts – von Schopenhauer zu Nietzsche* 44

XI. Anmerkungen 47

I. Voltaire als Beherrscher der sittlichen Welt des 18. Jahrhunderts – die „Lettres sur Rabelais" als Schlüsseldokument

Wenn man an das 18. Jahrhundert, wenn man an die Aufklärung denkt, dann hat man zumindest in der Vergangenheit oft auch an das „Zeitalter Voltaires" gedacht.[1] Nun ist es aus den verschiedensten Gründen immer etwas mißlich, wenn man eine Epoche nach einer Person benennt, sei es nun Voltaire, Goethe, Napoleon, Bismarck, Wilhelm II. oder Stalin, weil damit immer allerlei Verschattungen einhergehen. Andererseits ist aber damit doch auch didaktisch gesehen ein Gewinn an Anschaulichkeit verbunden, weil eben eine Person, die wie Voltaire oder Goethe schwer auf den Begriff zu bringen ist, als Verkörperung ihrer Zeit gedacht, auch deren Vielschichtigkeit und Vielseitigkeit, ja Widersprüchlichkeit Ausdruck verleihen kann. Im Falle Goethes wird dies zumindest einem deutschen Publikum ohne weiteres einleuchten. Doch bei Voltaire sieht es heute schon etwas anders aus. Denn erstens steht Voltaire aktuell weder im Fokus der Philosophiehistoriker noch der Romanisten, und zweitens hat auch das allgemein literarisch interessierte Publikum derzeit kein intensiveres Interesse an Voltaire, das über seinen Roman *Candide* und gewisse Toleranzschriften hinausgehen würde, die gelegentlich wieder aufgelegt werden. Deren tiefere Wirkung ist schon fraglich angesichts der Herausforderung, die mit dem Eindringen des Islam nach Europa heute verbunden ist. Denn es wäre mancherorts heute tollkühn, wollte man Voltaires Drama *Mahomet* auf die Bühne bringen – regelmäßiger Polizeischutz wäre wohl dringend anzuraten, was indes auch zeigt, daß die von der Aufklärung in mühevollem Gang erstrittene Geistesfreiheit immer wieder auf dem Prüfstand steht und zu keiner Zeit als definitiv gesichert angesehen werden kann. Ohne nun hier weiter auf solche Aspekte der aktuellen Lage einzugehen, möchte ich den Blick zurückwenden auf einen Text von Voltaire, der sich exemplarisch lesen läßt als eine Stellungnahme zu dem grundlegenden Problem, das mit der Religion nicht nur aus der Sicht der Aufklärer, sondern auch der Philosophen verbunden ist.

II. Die „Lettres sur Rabelais" als fiktive Briefe Voltaires und der Erbpinz Carl Wilhelm Ferdinand von Braunschweig-Lüneburg als fiktiver Adressat

Die Schrift, die ich hier in bezug auf verschiedene Kontexte diskutieren möchte, die *Lettres a S. A. Msr le Prince de******. *Sur Rabelais et sur d'autres auteurs accusés d'avoir mal parlé de la religion chrétienne,*[2] präsentiert keine *echten*, sondern nur *fiktive* Briefe – und sie präsentiert die Briefe auch nicht offen als solche an Carl Wilhelm Ferdinand, den Erbprinzen von Braunschweig-Lüneburg. Vielmehr wird in der typischen Manier des 18. Jahrhunderts der angebliche Adressat der Briefe durch Anonymisierung verschleiert, was zugleich auf der Seite der Leser dazu anregt, Mutmaßungen über den tatsächlichen bzw. gemeinten Adressaten ebenso anzustellen wie über den Autor, der in den ersten Ausgaben gleichfalls ungenannt blieb. Es handelt sich also bei der vorliegenden Schrift um einen klassischen Fall der doppelten Anonymität. Auch das war ein übliches Versteckspiel; trotz Voltaires eigener Dementis steht indes seine Autorschaft nicht in Zweifel.

Voltaire war sich der Wirkung dieser Anonymisierungsstrategie sehr bewußt, wie man z. B. einem Brief an den Aufklärungsphilosophen Helvétius vom 27. Oktober 1766 entnehmen kann, in dem Voltaire zum einen (wahrheitswidrig) abstreitet, der Autor einer Broschüre zu sein, die er Helvétius selbst zuschickt, zum anderen aber auch ein ausführliches Argument entfaltet, warum es einen Bärendienst an seinen Freunden darstelle, wenn man sich so eifrig bemühe, den Autor einer bestimmten Schrift unbedingt herausfinden und namhaft machen zu wollen. Indem er auf sein eigenes bibelkritisches Werk, das unter dem Namen Bolingbrokes erschienen ist, anspielt, aber auch auf ein Werk des Barons Holbach, das unter dem Namen Boulangers erschien (*Das entschleierte Christentum*, 1766), stellt er an seine Freunde die rhetorische Frage, was denn dem Autor eines Werkes überhaupt für eine Bedeutung zukomme? Indem man jemanden als Autor verdächtige, setze man diesen lediglich der

Wut der Fanatiker aus, so daß derjenige, dem man zu helfen meinte, in Wirklichkeit Schaden erlitte.

Voltaire war zu eben jener Zeit besonders empört darüber, daß Rousseau in den *Briefen vom Berge* (*Lettres écrites de la montagne*; 1764) eben das getan hatte, nämlich die Autorschaft Voltaires an einer seiner am meisten christentumskritischen Schriften, des blasphemischen *Sermon des cinquantes* (1749), öffentlich gemacht zu haben.[3] Dieser Umstand ist aus drei Gründen wichtig, denn erstens zeigt er anschaulich die existentielle Komponente an Voltaires Interesse für Anschuldigungen des Unglaubens, die für ihn mitnichten eine bloß historische Bedeutung hatte. Und zweitens erklärt die Empörung über Rousseaus Entschleierung der Autorschaft Voltaires möglicherweise auch, warum Rousseau trotz inhaltlich einschlägiger Schriften in den *Lettres sur Rabelais* überhaupt keine Rolle spielt. Drittens ist es bezeichnend, daß Voltaire, der sich nie zu dieser Schrift bekannte, sie selbst keinem anderen als Lamettrie unterschob (siehe unten).

Für Voltaire stellt diese Situation der anonymen Publikation unter Bedingungen der Verfolgung zugleich den normativen Appell zur innerphilosophischen Solidarität dar, denn man solle sich gegenseitig zur Hilfe kommen, um sich gegen die Verfolgung der Philosophie zu wehren: „Aidons-nous les uns les autres dans la cruelle persécution élevée contre la philosophie."[4] Indem die Verfolgung eines einzelnen Autors nicht nur diesen persönlich trifft, sondern als eine Verfolgung der Philosophie überhaupt dargestellt wird, appelliert Voltaire an eine ideelle Gemeinschaft, ohne deren Solidarität auch andere den Verfolgungen mehr oder weniger hilflos ausgeliefert wären.

Daß indes die fiktive Zuschreibung jener *Briefe über Rabelais* an Carl Wilhelm Ferdinand nicht unsinnig ist, erhellt zum einen aus dem Umstand, daß sie in der Voltaire-Literatur bereits sehr früh vorgenommen wurde.[5] Direkt nach dem Erscheinen des Büchleins heißt es in der *Correspondance littéraire* von Grimm am 14. Dezember 1767:

On parle de quelques autres ouvrages nouveaux, entre autres de quelques Lettres écrites au prince de Brunswick sur Rabelais, et sur tous les auteurs italiens, francais, allemands, accusés d'avoir écrit contre notre sainte religion.[6] [Man spricht von einigen anderen neuen Werken, unter anderem von einigen Briefen, die an den Prinzen von Braunschweig über Rabelais und über alle italienischen, französischen, deutschen Autoren geschrieben wurden, denen man den Vorwurf gemacht hatte, gegen unsere heilige Religion geschrieben zu haben.]

Grimms Nachrichtendienst hier wörtlich den Inhalt eines Briefes von Voltaire selbst an den hochrangigen Beamten in der Steuerbehörde, Étienne-Noël Damilaville (1723-1768), der als Mittelsmann für derartige Informationen fungierte.[7] Dieser Brief ist deswegen so signifikant, weil Voltaire in ihm selbst von „quelques lettres au prince de *Brunswick*" [meine Hervorhebung] schreibt und damit selbst eine Zuschreibung vornimmt, die in der Druckfassung im Unklaren gelassen wird.

Denn im Text selbst wird nur indirekt eine nähere Bestimmung des Adressaten angedeutet, insofern dieser direkt mit Deutschland verbunden wird. Im Brief über die Deutschen spricht Voltaire eingangs ausdrücklich von „votre Allemagne", „Ihrem Deutschland", in dem es gleichfalls viele große Herren und Philosophen gegeben habe, die man der Religionslosigkeit bezichtigt habe.[8]

Im Einklang mit seiner sonstigen konspirativen Praxis ergänzt Voltaire, er werde versuchen, ein Exemplar davon zu erhalten und es ihm zuzuschicken versuchen. Außerdem übermittelt Voltaire ein angebliches On-dit an Damilaville: „On dit que ces lettres sont curieuses", nachdem er bereits in einem Brief vom 4. Oktober 1767 auf seinen eigenen Text angespielt haben dürfte, als er ihm von einem bewunderungswürdigen Manuskript gegen den Fanatismus schrieb: „J'ai entre les maines un manuscrit admirable contre le fanatisme, fait par un provincial", von dem er wünschte, es möge bald gedruckt werden.[9]

Die Identifikation des fiktiven Adressaten mit Carl Wilhelm Ferdinand wird zuletzt auch dadurch in plausibler Weise unterstrichen, daß Voltaire den Erbprinzen tatsächlich persönlich kannte und daher auch um seine grundlegend aufklärerische Haltung wußte.[10] Schon Carl Friedrich Pockels berichtet in seiner frühen Biographie des Herzogs von den Verbindungen Carl Wilhelm Ferdinands zur Welt der französischen Aufklärung.[11] Voltaire besuchte, wie Selma Stern vermerkt, 1743 Braunschweig für sechs Tage, wo er sich bei der Schwester Friedrichs des Großen, Philippine-Charlotte von Braunschweig, aufhielt.[12] Man sollte diese Verbindungen ernst nehmen und sich nicht durch das despektierliche Urteil des marxistischen Literaturhistorikers Franz Mehring einnehmen lassen, der teils heftig gegen Carl Wilhelm Ferdinand polemisierte.[13] Der Erbprinz selbst unternahm später (und zwar ein Jahr vor der Veröffentlichung von Voltaires *Lettres sur Rabelais*) auch eine größere Reise, die ihn über London und Paris bis nach Italien führte. Im Frühjahr 1766 war er zwei Monate in Paris, wo er mit den Protagonisten der französischen Aufklärungskultur wie d'Alembert, Helvetius und Marmontel in Kontakt kam.[14] Es ist bezeichnend, daß kein Geringerer als Jean Le Rond d'Alembert, der gemeinsam mit Denis Diderot das aufklärerische Großprojekt der *Encyclopédie* lanciert hatte, am 26. Mai 1766 aus Paris an den Onkel des Prinzen, Friedrich II. von Preußen, schrieb. D'Alembert erwähnt ausdrücklich die Ehre, die es für ihn bedeutet hatte, in Anwesenheit des Prinzen in der Akademie einen Vortrag zu halten.[15] Damals hat auch Diderot die Bekanntschaft des Prinzen gemacht;[16] ebenso Claude-Adrien Helvétius.[17] Nach seinem Paris-Aufenthalt reiste der Prinz auf seiner Kavalierstour über mehrere Stationen weiter gen Süden und besuchte Genf vor allem deshalb, weil er Voltaire in Ferney einen Besuch abstatten wollte.[18]

Carl Wilhelm Ferdinand, der nach Selma Stern „durchdrungen war von Voltaires, von Montesquieus Gedanken",[19] hat also noch im Sommer 1766 persönlich Kontakt mit Voltaire gehabt, was es besonders plausibel macht, wenn die im Jahr darauf geschriebenen *Lettres sur Rabelais* an eben diesen Prinzen aus Norddeutschland gerichtet wurden. Die Vertrautheit Carl Wilhelm Ferdinands mit den französischen Denkern wird auch noch später als bekannte Tatsache behandelt. So schreibt Katharina Freifrau von Bechtolsheim, die damals eine junge Frau war, die während seines Braunschweiger Exils im Haushalt des Barons Grimm lebte, in den *Erinnerungen einer Urgroßmutter:* „Die entschiedene Vorliebe und das Vertrauen, welches der Herzog in die Ansichten der französischen Philosophen damaliger Zeit, wie von Voltaire, Diderot, J. J. Rousseau etc. setzte, verleitete ihn wohl zu dem unseligen Beginnen, die Erziehungstheorieen dieses Letzteren auf seine Söhne anzuwenden."[20] Unabhängig von diesem eher problematischen Aspekt seiner Vorliebe für die Aufklärungspädagogik nennt Selma Stern den Erbprinzen „einen der aufgeklärtesten, großzügigsten und geistig beweglichsten Fürsten des 18. Jahrhunderts".[21] Von dieser geistigen Beweglichkeit zeugt nicht zuletzt auch seine wichtige Korrespondenz mit dem Philosophen Moses Mendelssohn aus Anlaß des ebenfalls im Jahre 1767 erstmals publizierten *Phaedon*, einer leibnizianischen Anverwandlung des Platonischen Sokrates zwecks Begründung der Lehre von der Unsterblichkeit der Seele.[22] Im Zusammenhang mit der Lavater-Affäre kam es schließlich auch zu dem wohl heikelsten Brief seines Lebens, den Mendelssohn an den Erbprinzen schreiben mußte, in dem er auf dessen Wunsch hin unter dem Siegel der Verschwiegenheit offen seine wirkliche Meinung über das Christentum zu erkennen gab, dessen Gottesbild (Trinität; Menschwerdung) für ihn schlechterdings mit der Vernunft unvereinbar war.[23] Es spricht für den Erbprinzen, daß er diese wichtige Information für sich zu behalten wußte und nicht in öffentliche Diskussionen hineinzog, die für Mendelssohn höchst unangenehm hätten sein müssen.[24]

Von der Gesamtkonstellation her wäre der Erbprinz Karl Wilhelm Ferdinand als rationaler und zugleich auch verschwiegener Aristokrat also kein unplausibler Adressat von Voltaires Schreiben gewesen. Dazu gehört schließlich auch der Umstand, daß dieser, wie man es gelegentlich liest, auch Abonnent eines der wichtigsten Kommunikationsmittel einer „Aufklärung ohne Öffentlichkeit" gewesen sein soll, nämlich der *Correspondance littéraire* von Friedrich Melchior Grimm. Leider gibt es, soweit ersichtlich, weder direkte noch indirekte Zeugnisse dafür, wie diese handschriftliche vervielfältigte Zeitschrift, die nur an ausgewählte Fürsten unter restriktiven Bedingungen geliefert wurde, vom späteren Herzog aufgenommen wurde.[25] Als indirektes Zeugnis dafür, wie sehr der Herzog Grimm schätzte, darf aber auf den Umstand hingewiesen werden, daß er Ende des 18. Jahrhunderts, im Jahre 1797, ihn dazu zu bewegen suchte, nach Braunschweig zu kommen. Und in der Tat lebte der Baron Grimm dann auch, erblindet zwar, von 1797 bis 1800 in Braunschweig – auch das noch ein Zeugnis für die Verbundenheit dieser Region und ihres Herzogs mit der Aufklärung eines nunmehr vergangenen Jahrhunderts.[26] Ein weiteres Indiz für die Verbindungen des Herzogs zu diesem Kreis der französischen Aufklärer läßt sich schließlich noch anführen: Denn Carl Wilhelm Ferdinand soll nach 1780 versucht haben, den Redakteur und Mitherausgeber der *Correspondance littéraire*, Jakob Heinrich Meister, als Prinzenerzieher für Braunschweig zu gewinnen, wie dieser in autobiographischen Aufzeichnungen schrieb.[27]

Nach dem Gesagten konnte es in jedem Fall plausibel erscheinen, wenn Voltaire fingierte, der Prinz habe sich an ihn gewandt, um Aufklärung über bestimmte Autoren zu erhalten, deren Verhältnis zum Christentum, vorsichtig gesagt, prekär war. Daß Voltaire überhaupt jemand war, der sich in Korrespondenz mit Fürsten befand, von dem man also auch solche Briefe wie die über Rabelais erwarten konnte, war mehr als genügend durch die Beziehung des Philosophen zu Friedrich als Erbprinz und als König von Preußen demonstriert worden. Und im 18. Jahrhundert waren es die Leser gewohnt, mit Anspielungen und verdeckten Hinweisen anders umzugehen als spätere Generationen. Es gehörte zu den rhetorischen Strategien, die sich an pfiffige Leser richteten, ein Ratespiel in Gang zu setzen, um die gemeinten Adressaten, oft auch den Autor selbst herauszubekommen. Und wenn eine Schrift an eine Hoheit (*son altesse*) gerichtet war, so war daraus unbedingt zu schließen, daß das verhandelte Thema eines Fürsten würdig sein mußte, also keine bloße Frivolität oder eine Petitesse darstellte. Dies entspricht auch der in der frühen Neuzeit etablierten Praxis, populärwissenschaftliche Publikationen als an hochgestellte Persönlichkeiten gerichtete Texte zu verfassen. Man denke etwa an John Tolands *Letters to Serena*, die an die preußische Königin Sophie Charlotte gerichtet waren,[28] oder aus demselben Zeitraum wie Voltaires hier behandelte Schriften Leonhard Eulers *Briefe an eine deutsche Prinzessin über verschie-*

dene Gegenstände aus der Physik und Philosophie von 1768, die zuerst in französischer Sprache erschienen waren.[29]

Voltaire beginnt seinen Text, indem er Seine Hoheit, den besagten „Fürsten von ***", den Wunsch äußern läßt, Rabelais von Grund auf zu verstehen. Er konstruiert also einen äußeren Anlaß für den Text, so als antworte er auf die Anfrage des Prinzen und erfülle damit einen Wunsch, dem er sich auch kaum hätte entziehen können. Dieses relativ schlichte Schema, das aber ein pseudo-dialogisches Moment einführt, wiederholt er im Laufe der Darstellung mehrfach: „Eure Hoheit verlangen zu wissen, wer jene sind, die die Kühnheit besaßen, sich nicht nur gegen die römische Kirche zu erheben, sondern auch gegen die christliche Kirche" – worauf er antwortet, die Zahl jener Wagemutigen sei groß, vor allem in England.[30]

Zugleich bedeutete die Ansprache an einen Fürsten aber auch, daß sich der Autor gewisser Rücksichten bedienen mußte, da er mitnichten ein Hofnarr war, dem als solchem das Recht auf *Parrhesie*, auf ungehemmte freie Rede, zukam. Strategisches Sprechen ist somit in einer Fürstenanrede immer in besonderer Weise eingeschlossen, weil es hier prinzipiell keine Gleichheit von Anredendem und Angeredetem gibt. Das wird noch durch die Öffentlichkeit des fingierten Briefwechsels im Medium eines Buches unterstrichen. Man muß daher bei der Lektüre eine gewisse Vorsicht walten lassen und sich hüten, alle Sätze des namenlosen Briefschreibers mit der wirklichen Meinung Voltaires zu identifizieren bzw. für bare Münze zu nehmen. Das gilt insbesondere da, wo der Schreiber sich, im Gegensatz zu der eigentlichen Meinung Voltaires, als Verteidiger der Wahrheiten „unserer Religion", also des Christentums, präsentiert und gegen die Kritiker des Christentums polemisiert, zu denen er in Wirklichkeit selbst gehörte.[31]

III. Voltaires „Lettres sur Rabelais" als catalogue raisonnée der religions- bzw. christentumskritischen Literatur der Frühen Neuzeit

Voltaires Text gehört essentiell in die Reihe jener anderen seiner Werke, die für das ausgesprochen produktive Jahr 1767 charakteristisch sind und in denen er, wie Theodore Besterman in seiner Voltaire-Biographie schreibt, immer gelehrtere und kraftvolle Verdammungen des Christentums zu Papier brachte, das er einem Großangriff aussetzte.[32] Zu diesen Schriften gehörte etwa das umfangreichere *Examen important de milord Bolingbroke*, eine Schrift, die sich durch ihren Untertitel ausdrücklich als *Grabstätte des Fanatismus* verstand.[33] Das Mittel der „Beerdigung", so könnte man sagen, stellt Voltaires Form der Bibelkritik dar, die in dieser Schrift von 1767 nach Christoph Bultmann ihre konzentrierteste Fassung im verurteilend-kritischen Sinne erhalten hat. Voltaire praktiziere hier das „Prinzip des selektiven Lesens".[34] Mit dem Bezug auf Bolingbroke als angeblichem Verfasser des Textes verweist Voltaire auf einen Autor, der in äußerst elegantem Englisch einer deistischen Weltsicht verpflichtet war und später durch Edmund Burke in seiner Kritik an den deistischen Schriftstellern der Aufklärung mit dem vernichtenden wegwerfenden Satz bedacht wurde: *Wer liest heute noch Bolingbroke?*[35] Für Voltaire selbst wie auch seine Zeitgenossen aber galt noch, daß Bolingbroke eine bedeutende Referenz darstellte. Voltaire war zudem früh mit Bolingbroke persönlich bekannt geworden und hatte mit ihm schon in den frühen 1720er Jahren, als der Aristokrat im Pariser Exil lebte, Umgang gepflegt.[36]

Es paßt so auch thematisch, daß er dieser Schrift eben jene *Lettres sur Rabelais* folgen ließ, die nicht nur eine Diskussion des titelgebenden französischen Renaissance-Autors Rabelais bieten, sondern auch Ausblicke auf die englischen Deisten, auf Jonathan Swift, die von Diderot und d'Alembert herausgegebene *Encyclopédie*, Spinoza und andere jüdische Autoren sowie, nicht zu vergessen, deutsche Schriftsteller verschiedener Epochen. Der Text steht dabei in einem engen thematischen Bezug zu zahlreichen anderen Texten Voltaires, die sich ebenfalls mit den in den *Lettres* genannten Autoren beschäftigen. Von den *Lettres sur les Anglais* bis zum *Dictionnaire philosophique* und den weiteren religionskritischen Schriften jener Jahre reicht das Reservoir, das Voltaire für die konzisen Bemerkungen in den *Lettres sur Rabelais* anzapft. Auch die *Lettres sur Rabelais* sind, mit Besterman gesprochen, ein Traktat gegen Intoleranz und Fanatismus,[37] auch wenn man, wie gesagt, nicht alle Aussagen des fiktionalen Briefschreibers mit den Auffassungen Voltaires identifizieren darf. Wie Voltaire dabei vorgeht, werde ich im Folgenden näher darstellen, indem auf verschiedene Kontexte der Schrift hingewiesen wird. Die Schrift wendet sich wie viele andere Werke Voltaires gegen das Übel des Fanatismus, der nach Auffassung von Enzyklopädisten wie Diderot, aber auch der katholisch geprägten Aufklärer deutlich von der Religion selbst geschieden werden mußte.[38]

Das Schlüsseljahr 1767 brachte nicht nur die Publikation der bis heute wenig bekannten *Lettres sur Rabelais*, die weder in der französischen noch der deutschen Voltaire-Literatur eine größere Aufmerksamkeit gefunden haben. Es war auch das Jahr, in dem Voltaire eine seiner bekannteren Erzählungen, *L'Ingenu*, publizierte, die starke Bezüge zu dem berühmteren *Candide* aufweist und ebenfalls für das religionskritische Thema, um das es Voltaire ging, höchst bedeutsam ist. Auch wenn die Nachwelt offensichtlich Voltaires eigene Einschätzung nicht teilte, *L'Ingenu* sei ein besseres Werk als *Candide*, hält es Besterman doch immerhin für möglich, daß Voltaire damit durchaus recht gehabt haben könnte. Wie auch immer es sich damit verhalten mag – es sei an dieser Stelle nur die Einschätzung Wielands zum *Candide* wiedergegeben, wie sie Johann Joachim Eschenburg in seiner *Beispielsammlung* im Rückblick auf Voltaires Werk zitiert. Denn sie unterstreicht den *philosophischen* Wert auch des *literarischen* Werkes: *Candide*, „ein kleiner komischphilosophischer Roman", sei gleichsam der Revers von Zadig; er enthalte „mehr Wahrheit, mehr gesunde Vernunft und Kenntniß des Menschen, als viele tausend sehr dicke, sehr methodische, sehr ernsthafte, und sehr nonsensikalische Folianten."[39] Daß Voltaire also gerade durch seine literarische Form auch in gewisser Weise philosophisch wirkte bzw. genauer gesagt religions- und christentumskritisch, zeigt auch sein Blick auf die deutschen Autoren (im weiteren

Sinne), die er in seinen Briefen über Rabelais erwähnt – angefangen mit den sogenannten *Dunkelmännerbriefen*, die als frühe Religions- bzw. eher Kirchenkritik verstanden werden können. Voltaire hält es schon für fortschrittlich, daß in einem dieser Briefe die Magie verspottet wird; auch ist er sich sicher, daß Rabelais die *Dunkelmännerbriefe* vorliegen hatte, als er *Gargantua und Pantagruel* schrieb.[40]

Voltaires Stellungnahme zu der religiösen Situation seiner Zeit ist unter den Voltaire-Forschern durchaus kontrovers behandelt worden. Und zwar deshalb, weil in einer Zeit, in der es ratsam sein kann, sich nur verdeckt, geheim, klandestin, pseudonym oder anonym zu heiklen Fragen zu äußern, gerade solche Dinge wie die wahren religiösen Überzeugungen eines Autors schwer zu bestimmen sein können. So hat etwa der verdiente englische Voltaire-Forscher Theodore Besterman die einigermaßen erstaunliche These vertreten, Voltaire sei im Innersten letztlich Atheist gewesen, während der wichtigste französische Forscher zum Thema „Voltaire und Religion", René Pomeau, den Deismus des Autors für authentisch gehalten hat.[41]

Diese Frage ist hier von zentraler Bedeutung ist, denn die *Lettres sur Rabelais* nehmen zu diesem Themenkomplex Stellung, auch wenn dies in teils verdeckter Form geschieht.[42] Voltaire sollte in diesem Zusammenhang wohl am besten als Kämpfer in einem Zwei-Fronten-Krieg verstanden werden. Auf der einen Seite richtete sich seine Kritik massiv gegen das orthodoxe Christentum, zumal in seiner Gestalt als Theologie, sowie gegen Theologien der Verfolgung. Andererseits aber nahm er ebenso entschieden den radikalen Atheismus aufs Korn, wie er im Hauptwerk dieser Denkrichtung im 18. Jahrhundert, dem 1770 anonym erschienenen *System der Natur* des Baron Holbach, in Erscheinung trat. Bekanntlich hat auch der Preußenkönig Friedrich selbst, den man wohl trotz alles philosophischen Interesses nicht als einen großen Philosophen ansehen darf, eine Widerlegungsschrift gegen eben jenes *System der Natur* geschrieben – und es liegt nahe, hier eine nicht unwichtige Übereinstimmung des Königs mit Voltaire zu sehen.[43]

Voltaires Bedeutung für die Religionskritik im Aufklärungszeitalter resultiert nicht aus einer von ihm selbst angestrebten oder erreichten *Systematik* seines Denkens; nur eine grundlegende Orientierung am Empirismus wird man ihm zuschreiben können, den er gegen den rationalistischen Cartesianismus in Stellung bringt.[44] Eric Voegelin hat sicher recht, wenn er schlicht konstatiert, was dieser selbst sicher nicht bestritten hätte: daß Voltaire kein systematischer Denker war.[45] Das gelte auch für seinen Angriff auf die christlichen Symbole; und für das Folgende kann Voegelins Charakterisierung durchaus als Leitfaden dienen:

> Er war immer auf der Höhe seiner Zeit, und seine Angriffe erfolgten in Form von Pamphleten über Verfolgungsaffären, von aphoristischen Artikeln, geistreichen Bemerkungen, bösartigem Witz, witzigen Einfällen, Sarkasmen, Satiren und anderem mehr. In Voltaires kritischen und publizistischen Werk sind die Prinzipien seines Angriffs enthalten. Allerdings muss man sie aus einer Fülle literarischer Stücke herauslösen, und eine umfassende Darstellung seiner Position müsste praktisch das gesamte Werk einbeziehen.[46]

Gerade weil das Werk und die Korrespondenz Voltaire so vielseitig ist, daß kaum jemand einen vollständigen Überblick haben dürfte, ist es hier nur möglich, sich dem Kern des Voltaireschen Denkens exemplarisch über *eine* Schrift und damit gleichsam von der Seite zu nähern. Das soll anhand eines Aufrisses der *Lettres sur Rabelais* geschehen, die als prägnantes Zeugnis für die doppelte Stoßrichtung von Voltaires religionspolitischer Polemik gelten können. Denn einerseits spricht er sich gegen den Atheismus der radikalen Aufklärung aus. Andererseits speist er selbst den gegen das Christentum gerichteten Gehalt auch der atheistischen Aufklärer in die Diskussion ein, doch bedient er sich dabei zugleich einer entschärfenden Methode, wie Israel am Beispiel von Voltaires Behandlung des atheistischen Priester Jean Meslier illustriert.[47]

Damit unterstreicht Voltaire die schon damals beliebte, wenn auch durchaus zweifelhafte Vorstellung, in England grassiere der Deismus und die Feindschaft gegen das Christentum.[48] Voltaire nennt für England als thematisch einschlägige Autoren, die jedoch differenziert zu betrachten sind: Herbert von Cherbury, John Toland, Locke, Matthew Tindal, Anthony Collins, Thomas Woolston, William Warburton, Henry St. John Viscount Bolingbroke sowie Thomas Chubb, von denen Voltaire manche „Gedanken sich anzueignen wusste und in veränderter Form, mit gefälligerer Einkleidung, auf eigenthümliche Weise nachsagte", wie Gotthard Lechler bemerkt.[49]

Für Voltaire war als positiver Bezugspunkt der englische Anti-Cartesianer Samuel Clarke (1675-1729) von großer Bedeutung, der ihm zusammen mit Locke als „maîtres dans l'art de raisonner" galt.[50] Clarke hatte die Existenz Gottes offensiv verteidigt und war auch schon in etlichen früheren Schriften von Voltaire herangezogen und vielleicht deshalb in den *Lettres sur Rabelais* nur in verkürzter Form in Erinnerung gebracht worden. Er erwähnt ihn lediglich im Zusammenhang mit Anthony Collins, wenn auch nur am Rande.[51] Locke selbst wird in der Darstellung Voltaires in diesem Buch ausdrücklich gegen die Unterstellung der Christentumsfeindschaft in Schutz genommen, denn sie erfolge zu unrecht. Zwar habe man Locke vorgeworfen, nicht an die Unsterblichkeit der Seele zu glauben, doch habe – so der hier anonym bleibende Voltaire – Herr von Voltaire ihn gut gegen diesen Vorwurf verteidigt. Damit bezieht sich Voltaire unter dem Deckmantel der Anonymität zurück auf seine eigene Frühschrift *Lettres philosophiques*, in deren 13. Brief er sich mit Locke befaßt hatte. Dort allerdings war das Argument, welches er für die Unsterblichkeit der Seele angeführt hatte, eher praktischer Natur, weil sie ohne Offenbarung nicht wirklich bewiesen werden könne: „Das allgemeine Wohlbefinden des menschlichen Geschlechtes erfordert es, daß wir die Seele für unsterblich halten: der Glaube befiehlt uns dieses, weiter braucht es nichts, und die Sache ist entschieden."[52] Ob dies eine effektive Verteidigung Lockes darstellt, ist eine andere Frage. Zumindest aber rechtfertige der Umstand, daß Lockes Schrift über die Vernünftigkeit des Christentums (*Reasonableness of Christianity*) sich vom gewöhnlichen Glauben einigermaßen entferne, nicht, ihm den Namen eines Christen abzusprechen.[53]

Anders aber verhält es sich nach Voltaire mit John Toland, der wirklich aus Haß und Rachegefühl gegen die christliche Religion geschrieben habe. Allerdings hat es mit Tolands Schreibweise eine besondere Bewandtnis, wie Voltaire mit einer Anspielung auf die esoterische Schreibtradition bemerkt: Toland habe in seinem ersten Buch *Christentum ohne Geheimnis (Christianity not mysterious)* selbst ein wenig geheimnisvoll geschrieben und seine Kühnheit unter einem Schleier verborgen.[54] Gleichwohl wurde Toland in Irland verfolgt und ihm der Schleier heruntergezogen. Voltaire verweist dann aber auf einen höchst paradoxen Umstand, der die besondere Schreibsituation um 1700 zu charakterisieren scheint: „Es ist eine seltsame Tatsache, daß er in Irland wegen das umsichtigste seiner Werke verfolgt wurde, während er in England niemals im Geringsten wegen seiner kühnsten Bücher behelligt wurde."[55] Auch hierin mag sich der Umstand spiegeln, daß Toland zu einer Zeit erstaunlich offen über das Esoterische und das Exoterische in der Philosophie schrieb, in der erstmals überhaupt der Gedanke auftauchte, es lasse sich eine Gesellschaft denken und verwirklichen, in der es keine Beschränkungen der Meinungsäußerungsfreiheit mehr geben werde.[56] (Der im März 1768 verstorbene Deist Hermann Samuel Reimarus hatte diese Option durchaus auch vor Augen, hielt sie aber zu seinen Lebzeiten nicht für praktikabel.)

Lord Bolingbroke wird von Voltaire eloquent als besonders kühner Autor vorgestellt, der die Auffassung vertreten habe, daß die Atheisten weitaus weniger gefährlich seien als die Theologen. Die Theologie müsse Bolingbroke zufolge verboten werden, da sie allein die Menschen zu Atheisten mache. Doch aus der Tatsache, daß die Theologie absurde Vorstellungen von Gott entwickelt habe, erlaube keinesfalls den Schluß, daß Gott selbst eine Chimäre sei. Der Mißbrauch der Theologie als Wissenschaft, der Atheisten produziert, hebt die wahre Wissenschaft nicht auf, die den Menschen sich vor der Gottheit niederwerfen lasse.[57]

Einen besonderen Status räumt Voltaire dem Autor Swift ein – den er übrigens noch persönlich bei Lord Bolingbroke kennengelernt hatte und der einen außerordentlichen Einfluß auf Voltaires eigenes Schreiben ausüben sollte. Voltaire gehörte schon kurz nach dem

Erscheinen des Buches zu den ersten Lesern von *Gullivers Reisen*, eines jener Bücher, die eine unterhaltsame Geschichte mit tiefgründigsten philosophischen und theologischen Reflexionen verbanden und damit stilbildend für eine bestimmte Form philosophischer Erzählungen wurde.

Indem sich Voltaire in Briefen an eine hochgestellte, adlige Person richtet, nimmt er dem heiklen Thema zumindest vorderhand etwas von seiner Brisanz: Denn er spricht hier angeblich nicht aus eigenem Recht (zumal er als Autor nicht ausdrücklich in Erscheinung tritt), sondern weil ihn eine fürstliche Hoheit ausdrücklich darum gebeten habe. Damit ist er auf der sicheren Seite, weil so ein Repräsentant der Obrigkeit selbst Interesse an dem potentiell anti- oder nicht-christlichen Schrifttum zeigt, von dessen negativer Wirkung damals oft ausgegangen wurde.[58] Zudem erscheint der Fürst als eine in geistiger Hinsicht besondere Persönlichkeit, da Voltaire ihm den Willen zum profunden Verständnis zuschreibt: er wolle „connaitre au fond Rabelais" z. B., wie es gleich im ersten Satz heißt. Zum andern aber zwingt die Adressierung an den Prinzen den Autor auch dazu sich selbst mehr von einzelnen religionskritischen Auffassungen zu distanzieren, als es seiner wirklichen Meinung entsprochen haben dürfte. Insbesondere die Bezüge auf „unsere heilige Religion", unter der insbesondere das katholische Christentum zu verstehen ist, dürften im Munde Voltaire bloße Schutzbehauptungen gewesen sein,[59] vor allem wenn man die gleichzeitige respektlose Religionskritik in den philosophischen Erzählungen einbezieht. In diesem Sinne wird man auch die Passage am Schluß des Abschnitts über Pierre Bayle verstehen müssen, wo er die Frage aufwirft, weshalb so viele moderne Autoren solchen Haß auf das Christentum zum Ausdruck brächten. Auch sei ihm berichtet worden, daß es gerade die neuen Apologeten des Christentums gewesen seien, die zu dieser Empörung geführt haben, weil diese sich nicht mit der ihrer Lehre entsprechenden Mäßigung geäußert hätten.[60]

IV. Der Ausgangspunkt: Rabelais

Daß Voltaire seinen brieflichen Katalog der Autoren, die als christentumskritisch betrachtet werden können, mit Rabelais beginnt, macht deutlich, worin er dessen Bedeutung vor allem sieht. Denn es ist keineswegs in erster Linie der bedeutende Autor bzw. Romancier, der hier in den Blick kommt.[61] Vielmehr geht es bei Voltaire, wie bereits Bettina Rommel bemerkt hat, um die Inauguration einen weltanschaulich begründeten Mythos, denn Rabelais erfahre hier im Zuge einer aufklärerischen Perspektive „seine Wiedergeburt als Anti-Kleriker, als Vorfahr der philosophes und geistige Autorität der Revolution".[62]

Josef Popper-Lynkeus hat einmal darauf hingewiesen, daß Voltaires scharfe Rabelais-Kritik zeige, wie wenig man seine entsprechende Shakespeare-Kritik auf nationale Vorurteile zurückführen könne.[63] Zudem wäre es auch irreführend, wenn man Voltaires Verhältnis zu Rabelais einseitig negativ zeichnete.[64] Denn schon im Vorfeld der *Lettres sur Rabelais* läßt er nur zwei Jahre zuvor in einem Totengespräch den Dichter des *Gargantua* mit Lukian und Erasmus Konversation treiben. Auch hier schon nimmt das Gespräch einen entschieden blasphemischen Charakter an, wie Cornelia Klettke eindrucksvoll gezeigt hat.[65] Dieses Gespräch wurde übrigens später (1794) im französischen Original in Johann Joachim Eschenburgs *Beispielsammlung* als exemplarischer Dialog Voltaires abgedruckt, fand also im Braunschweiger Kontext durchaus besondere Beachtung.[66]

Hier kann nicht weiter auf alle von Voltaire genannten Autoren eingegangen werden, auch wenn sich immer wieder aufschlußreiche Einschätzungen finden lassen, die wie im Falle Pierre Bayles nicht der Doppeldeutigkeit ermangeln. So heißt es über diesen, selbst seine größten Feinde müßten zugeben, daß es keine Zeile in seinen Werken gebe, die eine offensichtliche Blasphemie gegen die christliche Religion enthielte. Andererseits müßten seine größten Verteidiger zugeben, daß es keine Seite bei ihm gebe, die den Leser nicht zum Zweifel und oft sogar zum Unglauben führte.[67] Man kann in diesem Hinweis auf die Zweideutigkeit Bayles auch eine Anspielung auf Voltaires eigene Zweideutigkeiten sehen, die von ihm virtuos eingesetzt wurden, um die einen an der Nase herumzuführen und die anderen auf Widersprüche zu stoßen, die innerhalb der vorgegebenen Logik seiner Schrift nicht aufgelöst werden konnten.

Voltaire spricht nur in einem kurzen Brief über deutsche Autoren, doch ist dies immerhin ein Text, der in der Forschung für das Bild des deutschen Luthertums bei Voltaire ausgewertet worden ist.[68] In einem seiner Briefe, der auf einen Text des Marquis d'Argens eingeht, stellt Voltaire direkt einen Bezug zu Braunschweig her, indem er nämlich darauf hinweist, daß die Schrift *Défense du paganisme par l'empereur Julien* (Berlin 1764), übersetzt und herausgegeben von dem am Hofe Friedrichs wirkenden Marquis d'Argens, dem Herzog Ferdinand von Braunschweig gewidmet ist, der als preußischer Feldherr zu den bedeutendsten Generälen seiner Zeit gehörte.[69] Auch in seinem Abriß einer Geschichte des Jahrhunderts Ludwigs XV. aus den 1760er Jahren würdigt Voltaire beide braunschweigischen Prinzen, vor allem aber den Erbprinzen, der nach der Schlacht von Krefeld am 23. Juni 1758 den verwundeten Grafen von Gisors gefangengenommen und bis zu seinem Tod nicht verlassen hatte. Voltaire erwähnt in diesem Zusammenhang auch die spätere Bekanntschaft mit ihm sowie dessen Bescheidenheit: „C'est ce même prince de Brunsvick qui voyagea depuis en France et dans une grande partie de l'Europe, que j'ai vu jouir si modestement de sa renommée et des sentiments qu'on lui devait.“[70] Auch damit unterstreicht Voltaire, daß der Adressat seiner Briefe ihrer in jeder Hinsicht würdig ist, denn er ist ein weltläufiger und weitgereister Fürst, dem als solchem auch die Bekanntschaft mit unterschiedlichen Konfessionen, Religionen und Weltanschauungen nicht störend aufstoßen konnte.

V. Französische *enfants terribles* der Philosophie: La Mettrie und Meslier bei Voltaire

Voltaire äußert sich in den *Lettres* auch zu einer damals wie heute kontroversen Persönlichkeit, die im philosophischen Panorama der Zeit den Status eines *enfant terrible* einnahm und sogar die Kritik von jenen provozierte, die wie Denis Diderot selbst als radikale Aufklärer gelten: Julien Offray de La Mettrie.[71] Dieser war, wie Voltaire in seinen Memoiren über Friedrich schrieb, „der freimütigste Atheist aller medizinischen Fakultäten Europas", „ein heiterer, witziger, unbekümmerter Mann" mit besten theoretischen Kenntnissen, zugleich aber der „in der Praxis unbestreitbar schlechteste Arzt auf Erden." Dieser Mann aber gefiel Friedrich, der ihn zu seinem Vorleser machte, doch starb er relativ jung, gemäß einer berühmten Anekdote, die natürlich auch Voltaire kolportiert, und zwar „nach einem ausgedehnten Diner bei Mylord Tyrconnel, dem französischen Gesandten, wo er eine ganze Trüffelpastete aufgegessen hatte."[72] Wenn Voltaire die Qualifikation La Mettries als praktischer Arzt anzweifelt, wiederholt er offensichtlich nur das Urteil, das auch der König selbst geteilt hatte, aber durch diese Wiederholung verleiht er ihm Nachdruck und Nachhaltigkeit.[73]

Daß Voltaire den materialistischen Arzt und Hedonisten in seinen *Lettres sur Rabelais* behandelt, ist in mehrfacher Hinsicht angemessen. Denn es gibt laut Victor Klemperer eine zwar „sehr entfernte, aber doch spürbare Rabelais-Verwandtschaft, die La Mettrie vor allem von den Aufklärern trennt."[74] Wenn also ein Buch, das den Namen Rabelais' im Titel trägt, auch einen Außenseiter-Philosophen wie La Mettrie behandelt, wird damit ein denkbar weites Feld heterodoxer Positionen vor den Lesern entfaltet. Dabei kommt eine Mischung aus anekdotenhafter Lebensbeschreibung mit Hinweisen auf die philosophischen oder theologischen Positionen zur Anwendung, die zwar nicht den Anforderungen an eine streng philosophische Auseinandersetzung entsprechen kann, die aber durchaus ein tiefergehendes Interesse wecken könnte.

Auch wenn Voltaire mit La Mettries Philosophie mitnichten übereinstimmte, scheute er sich doch brieflich andernorts nicht einmal, ihm sogar die Autorschaft eines seiner eigenen Texte zuzuschreiben. Das betrifft den *Sermon des cinquantes*, der zu Voltaires am meisten blasphemischen Schriften gehört.[75] Voltaire konnte sich zu diesem Text ohnehin nicht offen bekennen und hat es auch nie getan, zumal der Fall Calas, in dessen Zusammenhang sich Voltaire als engagierter Intellektueller einbrachte, um „das Kriminaldelikt der Gotteslästerung in Frage" zu stellen, noch nicht lange zurücklag.[76] Daher lagen solche Mystifikationen durchaus nahe. Gehörte es doch neben dem oft genug notwendigen Selbstschutz vor Verfolgung zu den besonderen Vergnügungen eines klandestin operierenden Autors, in anonymen oder pseudonymen Schriften verdeckt auf eigenes Schrifttum hinzuweisen,[77] gleichzeitig aber auch falsche Fährten zu legen. So war es nicht nur in der französischen Aufklärung eine beliebte Taktik der klandestinen Buchproduktion, Texte bereits verstorbenen Persönlichkeiten zuzuschreiben; auch der Wolfenbütteler Bibliothekar Gotthold Ephraim Lessing griff zu diesem Mittel, als er die radikal offenbarungskritischen Texte des Hamburger Orientalisten und Deisten Hermann Samuel Reimarus zum Zweck der Verwischung von Spuren dem bereits verstorbenen Übersetzer der berüchtigten Wertheimer Bibel, Johann Lorenz Schmidt, zuschrieb, der einst in Wolfenbüttel Zuflucht vor Verfolgung gefunden hatte.[78]

Voltaire bringt in den *Lettres sur Rabelais* zwar La Mettrie mit der Flut an Schriften gegen das Christentum in Verbindung bringt, vergleicht ihn aber auch zusammen mit einigen anderen französischen Autoren mit den antiken Christentumskritikern: „Philosophen wie Maillet, wie Boulainvilliers, wie Boulanger, wie Meslier, der gelehrte Fréret, der Dialektiker Dumassais, der ungestüme La Mettrie haben die christliche Religion mit ebensolcher Verbitterung angegriffen wie Philosophen vom Schlag eines Porphyrius, eines Celsus, eines Julian."[79]

Der neben La Mettrie vermutlich radikalste Atheist, den Voltaire in seinem Überblick behandelt, ist der Dorfpfarrer Jean Meslier aus Étrépigny in der Champagne, der in seinem handschriftlich in drei

Exemplaren nachgelassenen *Testament* eine für damalige Verhältnisse ungeheuerliche und umfassende Kritik an der Bibel und ihrem Jesusbild übte. Jesus erscheint dort als Wahnsinniger, und Meslier vertritt einen dermaßen radikalen Materialismus, daß Voltaire sich nur mit einigen Aspekten seiner negativen Kritik am Christentum identifiziert haben dürfte. Wenn er in den *Lettres sur Rabelais* dem Autor Meslier zuschreibt, das „einzigartigste Phänomen" (le plus singulier phénomène) unter all jenen „météores funestes à la religion chrétienne" [unheilvollen Meteoren für die christliche Religion] zu sein, so macht er hier zugleich seine Ablehnung des „Atheismus" Mesliers deutlich. Das Werk Mesliers bestehe aus einer naiven und grobschlächtigen Widerlegung jedes „unserer" Dogmen und könne sich zur Widerlegung der Bibel allein auf die Bibel und einige Kirchenväter stützen. Ein Priester, so Voltaire, der sich im Sterben anklage, die christliche Religion bekannt und gelehrt zu haben, mache einen stärkeren Eindruck auf die „esprits" als die *Pensées* von Pascal – einer Schrift, mit der sich Voltaire lebenslang auseinandergesetzt hatte.[80]

Meslier habe jede Religion einschließlich der natürlichen vernichten wollen, behauptet Voltaire, und fügt hinzu, man habe von dessen Buch mehrere kleine Auszüge hergestellt, von denen auch einige gedruckt wurden, die aber glücklicherweise vom Gift des Atheismus (poison de l'athéisme) gereinigt worden seien. Voltaire berichtet hier – auch das ist bemerkenswert – einigermaßen distanziert von Aktivitäten, an denen er selbst intensiv beteiligt war. Denn er, Voltaire selbst, hatte wenige Jahre zuvor (1762) einen sogenannten Auszug aus Mesliers klandestinem Werk unter dem Titel *Extraits des sentiments de Jean Meslier* publiziert, der entsprechend stark redigiert war, um jede Spur von Atheismus und Materialismus sowie Kommunismus zu tilgen.[81] Wie intensiv sich Voltaire mit Meslier befaßt hat, ergibt sich übrigens auch aus vielen Stellen seiner Korrespondenz vorwiegend in den Jahren 1762 bis 1764 vor allem mit d'Alembert und seinem Agenten Damilaville.[82] Folgte Voltaire auch nicht Mesliers radikalen Ansichten, blieb er doch von ihm fasziniert. Eine Meslier-Rezeption in irgendeiner Form ist im Braunschweiger Kontext indes bisher nicht nachweisbar.

VI. Die Auseinandersetzung mit Voltaire in Braunschweig aus theologischer Sicht: Abt Jerusalems „Betrachtungen über die vornehmsten Wahrheiten der Religion"

Voltaires Kritik des Christentums und der Offenbarungsreligion überhaupt zugunsten einer natürlichen oder vernünftigen Religion im Sinne des Deismus blieb zu seiner Zeit nicht unwidersprochen. Insbesondere aus theologischer Sicht wurde Voltaires Angriff von den Zeitgenossen sehr ernst genommen. Auch wenn Voltaire nicht immer mit philosophischer oder systematischer Stringenz operierte, war er doch mit seinen Schriften wirkungsvoll, weil er die Spitzen gegen das Christentum mit einem leichten und witzigen Stil verband und verschiedene literarischen Formen nutzte. So war schon von den Zeitgenossen des Autors, die ihn teilweise auch persönlich kannten, nicht nur der systematische Gehalt von Voltaires Kritik, sondern gerade die Art ihrer Darstellung in den Fokus gerückt worden. Dies geschah etwa in dem dreibändigen Spätwerk des aus der Schweiz stammenden Göttinger Wissenschaftlers Albrecht von Haller (1708-1777), der seine *Briefe über einige Einwürfe noch lebender Freygeister wider die Offenbahrung* von 1775 als eine direkte Gegenkritik zu Voltaires formulierte. Hallers Schrift liest sich denn auch wie ein fortlaufender Kommentar zu verschiedensten Bemerkungen oft bibelkritischer Natur in Voltaires Werken von den *Question sur l'Encyclopédie* bis zu den *Mélanges*.[83]

Der spezifische Charakter dieser theologisch-philosophischen Polemik tritt dabei klar zutage, wenn man sich die Rezension von Joachim Heinrich Campe zum ersten Band von Hallers Schrift vor Augen führt, der 1776 im 28. Band der *Allgemeinen deutschen Bibliothek* darauf hinweist, daß Voltaire zwar sehr wohl Kritik verdiene, aber Hallers Argumente oft nicht subtil genug seien und Dinge zu widerlegen suchten, die nicht widerlegt werden müßten.[84] Haller hätte dies im übrigens wohl selbst teilweise zugestanden, führte er doch im Ersten Brief seiner Schrift ausdrücklich an, der Adressat solle die „Strenge der Philosophie, die tiefe Ergründung der H.[d.h. Heiligen] Geschichte, die Neuigkeit in der Wahl der Beweise

(…) von einem Jerusalem, einem Leibniz, einem Leß, einem Littleton" erwarten. Daß es der Abt Jerusalem ist, der hier herausgehoben an erster Stelle erscheint, ist ein deutliches Indiz dafür, welche philosophische und theologische Kompetenz diesem hier zugeschrieben werden.[85] Voltaire rückt zwar nicht überall derart ins Zentrum wie bei Haller, zeigt aber eine unübersehbare Präsenz in allen Streitsachen des 18. Jahrhunderts, die sich auf die Religion beziehen und die im Letzten um das Recht und die Notwendigkeit der Offenbarung kreisen.[86]

Des Abts Johann Friedrich Wilhelm Jerusalems *Betrachtungen über die vornehmsten Wahrheiten der Religion* sind nun im Zusammenhang mit Voltaires Bezügen auf den Braunschweiger Erbprinzen von doppelter Bedeutung. Denn erstens erschien der erste Teil dieses wichtigen Vertreters der sogenannten Neologie, wie man „die reife Gestalt der Aufklärungstheologie" zu nennen pflegt,[87] im Jahre 1768, also faktisch nur wenige Monat nach den *Lettres sur Rabelais*. Das – bei Jerusalem selbstverständlich genuine – Widmungsschreiben an den Erbprinzen ist mit dem Datum vom 25. April 1768 unterzeichnet. Zweitens enthält Jerusalems Text auch verschiedene Hinweise und kritische Bemerkungen zu bestimmten Autoren der mehr oder weniger radikalen Aufklärung, darunter auch Bayle, Voltaire sowie, was überraschend sein mag, auch La Mettrie. Doch sind diese Verweise im 1768 erschienenen ersten Teil noch vergleichsweise selten, häufen sich dann aber im zweiten Teil, der erst 1774 erschien.

Zwar gibt es, soweit bisher ersichtlich, keinen Hinweis darauf, daß Jerusalem die *Lettres sur Rabelais* kannte oder von ihnen wußte, doch verfügte er in seiner Bibliothek über eine Reihe anderer Werke Voltaires.[88] Er war also mit dessen Denkweise wohlvertraut. Gleichwohl steht außer Frage, daß es zum Zeitpunkt der Veröffentlichung seiner *Betrachtungen* für ihn von großer Bedeutung war, gegen die religionskritische Form der Aufklärung, wie sie von Voltaire *und* La Mettrie verkörpert wurde, zu Felde zu ziehen. Die große Bedeutung von Voltaire als Opponent für die Apologetik Jerusalems ist in der theologischen Fachliteratur zwar en passant bemerkt, jedoch in keiner Weise näher analysiert worden.[89]

Jerusalem konzentriert sich bei seiner Kritik vor allem auf Bayle, den die „Vertheidiger des Unglaubens" als ihren Helden „siegprangend anführen", dessen laut Jerusalem widersinniger Satz, eine Gesellschaft könne auch ohne Religion bestehen, auf einer Kette von Sophistereien beruhe, die in „betrüglichen Wortspielen" bestehen. Im Vergleich zu Bayle sei La Mettrie „viel ehrlicher und offenherziger" gewesen, dessen Atheist zwar ebenso bescheiden wie Bayles Bürger sei und sich weder um Gott noch Gewissen kümmere, aber für den Scharfrichter alle Hochachtung bewahre. Hier schlägt sich Jerusalem sogar auf die Seite Voltaire, der mit der Schwachheit der menschlichen Natur argumentierte und dafür hielt, „daß aller mögliche Aberglaube, wenn er nur nicht blutdürstig ist, für die Societät noch immer besser als der Unglaube ist".[20]

Einen wichtigen Hinweis auf die Entstehungsgeschichte von Jerusalems *Betrachtungen* finden wir im Reisetagebuch James Boswells, der sich bei seinen Braunschweig-Aufenthalten im Jahre 1764 mehrfach mit Abt Jerusalem unterhielt und dabei auch theologisch-philosophische Streitsachen berührte. Ausgehend von Jerusalems Bericht über eine längere Unterredung, die er selbst mit dem König von Preußen hatte, berichtet Boswell, Jerusalem wolle sich nicht als Verteidiger einer bestimmten Konfession (*sect*) verstehen, sondern nur der wahren christlichen Religion selbst. Denn diese Religion Jesu habe ihm in seiner Todesangst völlige Beruhigung des Geistes gebracht, im Gegensatz zur Lektüre von Platons *Phaidon*, der ihm einen schwachen Eindruck machte.[21] Eine weitere Diskussion offenbart den Optimismus Jerusalems, man müsse Friedrich nur das Christentum in den richtigen Farben schildern, um ihn von dessen Schönheit zu überzeugen. Boswell selbst läßt sich von Jerusalem nicht überzeugen, daß das universelle Vorherwissen Gottes auch von den menschlichen Handlungen vereinbar sei mit der individuellen Handlungsfreiheit.[22] Boswell, der Ende des Jahres 1764 auch Rousseau und Voltaire besuchen sollte, bleibt gegenüber der Offenbarung skeptisch, zugleich aber auch offen gegenüber der Möglichkeit, die Wahrheit des Christentums beweisen zu können. Boswells Bericht deutet ein überkonfessionelles Christentumsverständnis bei Jerusalem an, das dann durch einen 1772 erstmals unautorisiert gedruckten Text Jerusalems *Von der Kirchenvereinigung* auch bestätigt wird.[23]

Der entscheidende Punkt aber betrifft nun den Erbprinzen Carl Wilhelm Ferdinand selbst. Das Gespräch Boswells mit Jerusalem wendet sich einmal diesem zu, von dem Jerusalem berichtet, er habe gute religiöse Grundsätze und werde niemals das Christentum aufgeben. Doch sei seine Hoheit kürzlich zum Abt gekommen und habe sich beklagt, durch Zerstreuung und den Umgang mit Freigeistern (infidels) sei er in seinen Grundsätzen schwankend geworden. Daher habe er ihn, den Abt, gebeten, ihm eine ordentliche Zusammenfassung der Beweise für die Wahrheit des Christentums aufzuschreiben, um seinen Geist dauerhaft zu beruhigen.[24] Das ist eine höchst aufschlußreiche Anekdote, die es ermöglicht, Jerusalems Antwort an den Erbprinzen als Teil desselben Diskurszusammenhangs zu interpretieren, in dem auch Voltaires *Lettres sur Rabelais* stehen. Es geht hier um nichts Geringeres als die Anfechtungen des Glaubens durch freigeistige Gedanken und deren Zurückweisung.

Jerusalem kommt auf Voltaire im Zusammenhang mit einem der grundlegendsten Probleme der Apologetik zu sprechen, der Theodizee bzw. der Frage nach dem Ursprung des Bösen. Jerusalem widmet diesem Thema die fünfte seiner Betrachtungen über die vornehmsten Wahrheiten der Religion. Es gibt diejenigen, die fragen: „Kann das weiseste, das gütigste Wesen, dessen ewige Liebe zur Vollkommenheit in den allgemeinen Gesetzen der Natur so herrlich ist, diese herrlichen Gesetze seiner Weisheit durch die einzeln Unordnungen wieder zernichten?" Jerusalem nimmt diese Anfrage sehr ernst: „Dieser Einwurf verdienet unsere ganze Aufmerksamkeit."[25] Knapp erwähnt Jerusalem hier u.a. Shaftesbury und Bolingbroke, nach deren System „alles, wie es geschieht, das beste" sei, was er jedoch als „bequemes System für alle Philosophen und Staatsmänner" bezeichnet. Jerusalem deutet damit an, daß deren System sich im Letzten lediglich auf deren Interesse stützt, was philosophisch unbefriedigend bleibt.

Jerusalem bemerkt nun, daß auch Voltaire, den er hier nur den „Verfasser des *Dictionnaire philosophique*" nennt, mit seinem Freunde Bolingbroke unzufrieden gewesen sei: „Diesem Philosophen [gemeint ist Voltaire, TK] ist nichts anstößiger, als daß die Welt, bey so vielen, seiner Meynung nach grausamen und ungerechten Uebeln, die beste seyn, und von einer besondern Fürsehung regieret werden solle."[26] Die Frage nach dem Ursprung des Übels hängt weiterhin auch mit dem zusammen, was traditionell als Erbsünde bezeichnet wird. Hier tritt nun ein Punkt ans Licht, der für die Apologie des Christentums durch Jerusalem und zugleich seine Stellung zu Voltaire kennzeichnend ist. Denn nicht nur Voltaire war, wie seine Auseinandersetzungen mit Pascal zeigen, ein entschiedener Kritiker der Erbsündenlehre.[27]

Auch der Neologe Jerusalem gehörte selbst zu den scharfen Kritikern des „schwarzgalligte(n)" Augustinus und seiner entsprechenden Vorstellungen, für die er aber keine hinreichenden biblischen Belege fand.[28] Er wandte sich ausdrücklich gegen die Vermengung „der mit der menschlichen Natur verbundne(n) Sinnlichkeit, mit einem angebohrnen allgemeinen Hand zum Bösen" und führt gegen die Vorstellung von der angeborenen Verderbtheit die Wirklichkeit der Tugend ins Feld. Augustin habe zwar darin nur „glänzende Sünden" zu sehen vermocht, doch hätten die früheren Kirchenväter billiger gedacht.[29] So kann es nicht verwundern, daß die Kritik an Augustinus' Erbsündenlehre als Gemeingut der Neologen gelten kann; andere neologische Autoren wie Gotthilf Samuel Steinbart haben beispielsweise ebenfalls sehr deutlich gegen Augustinus und seine Gnadenlehre Stellung bezogen, so daß man hier wohl von einer gemeinsamen dogmengeschichtlichen Frontstellung sprechen kann.

Schon Karl Aner hat die Tatsache, daß die Aufklärungstheologie sich gegen Augustinus zu profilieren suchte, klar gesehen. Ihm zufolge kann sogar gelten, daß Augustinus „im Zeitalter der Neologie der meistgehaßte Mann" war.[100] Jerusalem hatte entsprechend schon früh „den Anfang mit einer Historia Dogmatum ex prioribus Seculis" zu einer solchen Auseinandersetzung gemacht, wo er sich auf die Frühzeit des Christentums konzentrieren und bei Hieronymus und Augustinus stehen bleiben wollte. Beiden sehr er nicht sehr wohlgesonnen, „weil sie dem Pelagio oft unrecht gethan".[101] Jerusalem deutet also schon hier sehr klar an, wo er die entscheidende theologische Differenz ansetzt, indem er Pelagius gegen die augustinische Erbsündenlehre in Schutz zu nehmen sucht. Bekanntlich hat diese projektierte Dogmengeschichte selbst nicht mehr geschrieben, wenn auch vermutet wird, daß er Teile davon in seinen späteren Schriften verwendet hat.[102]

VII. Voltaires „Lettres sur Rabelais" im Kontext seiner literarischen Schriften von „L'Ingenu" zu „La Princesse de Babylon"

Die von Voltaire in den *Lettres sur Rabelais* im Zusammenhang behandelten religions- bzw. christentumskritischen Autoren stellen in mancher Hinsicht den theologischen und philosophischen Hintergrund dar für die von ihm in derselben Periode seines Schaffens verfaßten literarischen Texte. Denn diese Texte bauen immer wieder Elemente in die Handlung ein, die als Aktualisierung bestimmter religionskritischer Grundsätze sowie als Anspielungen auf die realen Verhältnisse im Europa des Aufklärungszeitalters zu deuten sind. Unter diesen verdient in diesem Rahmen erstens die bekannte Erzählung *L'Ingenu* Beachtung, weil sich Voltaire hier der Maske des naiven Huronen bedient, um im Einklang mit seiner entlarvenden Bibel-Hermeneutik die Diskrepanz zwischen dem ursprünglichen Christentum und den verschiedenen Praktiken des zeitgenössischen Christentums herauszuarbeiten.[103] Zweitens ist im Nachgang die längere Erzählung *Die Prinzessin von Babylon* inhaltlich unmittelbar mit den *Lettres sur Rabelais* und anderen Schriften Voltaires verbunden. Denn in diesem teilweise aberwitzigen Text präsentiert Voltaire eine höchst selbstreflexive und ironische Thematisierung zahlreicher Aspekte nicht nur der Religionsgeschichte, sondern auch seiner eigenen Schreib- und Publikationsstrategien.

Voltaires Fabulierkunst entwirft in der *Prinzessin von Babylon* ein raum-zeitliches Panorama aberwitziger Art, wird doch die ursprünglich im Orient einer weit zurückreichenden Vergangenheit angesiedelte Erzählung auch dazu verwendet, im Zuge der pikarohaften und in geradezu halsbrecherischem Tempo ablaufenden Reise des Prinzen Amazan und der ihn liebenden Prinzessin Formosante auch jene Länder zu charakterisieren, die klar in Voltaires eigene Zeit gehören und eine Entsprechung in der Wirklichkeit haben.[104] Dazu zählen nicht nur Albion (England) und Batavien (die Niederlande), sondern auch diejenigen Teile Deutschlands, die im Kontext dieser Abhandlung von besonderem Interesse sind. So bemerkt der Erzähler nicht ohne Ironie, aber doch auch mit einem stark affirmativen Bezug:

> Solcherweise durchquerten sie ganz Germanien, bewunderten den Fortschritt, den Vernunft und Philosophie im Norden machten. Alle Fürsten waren hier gebildet, alle unterstützten die Gedankenfreiheit, ihre Erziehung wurde einzig Männern anvertraut, die kein Interesse daran hatten, sie zu betrügen oder selbst betrogen zu werden; sie wurden in der Kenntnis der allgemeinen Moral unterwiesen und in der Verachtung des Aberglaubens (…). Endlich wagten es in diesen weiten Landgebieten die Menschen, vernünftig zu leben, wogegen man anderswo noch meinte, daß man einzig über Idioten herrschen könne.[105]

Voltaire stellt hier ein Idealbild fürstlicher Aufgeklärtheit mit utopischem Potential vor seine Leserschaft, das zweifellos an die aufklärerischen Bestrebungen in Territorien wie Braunschweig und Preußen anknüpft, die er relativ gut kannte. Die hier in literarischer Form präsentierte Einschätzung entspricht der Darstellung in den *Lettres sur Rabelais*, wo Voltaire nach der Schilderung der Verfolgung Christian Wolffs und seiner Rehabilitation durch den Onkel des Briefadressaten bemerkt: „Seit dieser Zeit hat die Denkfreiheit im gesamten nördlichen Deutschland erstaunliche Fortschritte gemacht."[106] Dazu kommen Spitzen gegen die katholischen Praktiken des mönchischen Lebens, das als „unsinniger Brauch" in jenen Ländern des Nordens geächtet wurde.[107]

Während Formosante nun auf ihrer weiteren Reise wegen widriger Winde daran gehindert wird, nach England überzusetzen, verbringt sie ihre Zeit in den Niederlanden damit, sich Romane vorlesen zu lassen: „Die Prinzessin ließ bei Mark Michel Rey alle Erzählungen einkaufen, die man bei den Ausoniern und Welschen geschrieben hatte, und deren Absatz bei diesen Völkern zur Bereicherung der Bataver wohlweislich untersagt war."[108] Nicht nur kontrastiert Voltaire hier die im Norden einschließlich der Niederlande größere Druckfreiheit mit der in Italien und Frankreich herrschenden Zensur, sondern er schreibt in den eigentlich in einer weit zurückliegenden Zeit spielenden Text eben jenen Buchhändler und Verleger hinein, bei dem auch kurz zuvor tatsächlich u.a. just seine *Lettres sur*

Rabelais erschienen waren. Die erzählerisch hergestellte Verbindung Norddeutschlands mit der Aufklärung taucht auch wenig später in einem weiteren Text Voltaires auf, im Lemma „Intolérance" seiner 1771 erschienenen *Questions sur L'Encyclopédie par les amateurs*. Hier läßt Voltaire einen hartgesottenen imaginären Vertreter der (katholischen) Intoleranz zu Wort kommen, der die folgenden Persönlichkeiten alle in der Hölle schmoren sieht:

> Et vous *Isaac Newton, Fréderic le grand* roi en Prusse, électeur de Brandenbourg; *Jean Locke*, impératrice de Russie victorieuse des Ottomans, *Jean Milton*, bienfesant monarque de Dannemarck; *Shakespear*, age roi du Suède, *Leibnitz*, august maison de *Brunswick*, *Tillotson*, empereur de Chine; parlement d'Angleterre, conseil du grand-mogul, vous tous enfin qui ne croyez pas un mot de ce que j'ai enseigné dans mes cayers de théologie, je vous déclare que je vous regarde tous comme des payens ou comme des commis de la douane, c'est la même chose. [Und Sie Isaac Newton, Friedrich der Große, König in Preußen, Kurfürst von Brandenburg; John Locke, Kaiserin von Rußland, siegreich über die Osmanen, John Milton, wohlwollender Monarch von Dänemark; Shakespeare, alter König von Schweden, Leibniz, erhabenes Haus von Braunschweig, Tillotson, Kaiser von China; Parlament von England, Rat des Großmoguls, alle von Ihnen, die kein Wort von dem glauben, was ich in meinen theologischen Heften gelehrt habe, ich erkläre Ihnen, daß ich Sie alle als Heiden oder als Zollangestellte betrachte, es ist dieselbe Sache.][109]

Die Repräsentanten politischer und religiöser Aufklärung werden hier nicht nur im Stil der Bibel als Heiden und Zöllner denunziert, sondern im folgenden Satz sogar als Gewohnheitsverbrecher (*scélérats endurcis*) denunziert. Das erhabene Haus Braunschweig wird hier nicht nur in einem Atemzug mit Geistesgrößen von Locke bis Leibniz genannt und, wie zu erwarten war, mit Friedrich dem Großen, sondern auch mit dem König von Dänemark (Christian VII.), unter dem just im Jahr zuvor (1770) unter Johann Friedrich Struensee die Vorzensur (wenn auch letztlich nur für sehr kurze Zeit) aufgehoben worden war.[110]

Die Prinzessin von Babylon kann schließlich auch als ein fabulierendes Gegenmodell zu dem zeitgleich auf Erfolgskurs gehenden Buch *Sentimental Journey* gelten. Dieses Werk Laurence Sternes – auch dieser Autor übrigens ein begeisterter Leser Rabelais' – wurde nicht nur 1769 von dem aus Braunschweig stammenden Hamburger Verleger Johann Joachim Christoph Bode unter dem Titel der *Empfindsamen Reise* ins Deutsche übersetzt, sondern auch von dem Braunschweiger Hofprediger Matthias Theodor Christoph Mittelstedt. Der aber hatte für seine in der Waisenhaus-Buchhandlung erschienene Übersetzung den traditioneller klingenden Titel *Versuch über die menschliche Natur* gewählt. Während Voltaires religionskritische Erzählung deutlich den Traditionen pikaresker Abenteuer und antiker Liebesromane folgt, bricht Sternes Yorick zu neuen Ufern auch der Moralkritik auf. Erst über hundert Jahre später sollte sich in Nietzsche beides – das Denken der freien Geister Voltaire und Sterne – zu etwas Neuem zusammenschmelzen. Der lange eng mit Braunschweig verbundene Übersetzer Bode gehörte übrigens auch schon – abweichend vom zeitgenössischen Literaturgeschmack – zu den Connoisseuren Rabelais, von dem er zumindest in den 1770er Jahren schon die „Übersetzung" Johann Fischarts unter dem Titel *Affentheurliche, Naupengeheurliche Geschichtklitterung* kannte und dessen Hauptwerk er am Ende seines Lebens nach der Fertigstellung seiner mehrbändigen Montaigne-Übersetzung noch ins Deutsche zu übertragen geplant hatte.[111]

Damit sind aber die Verweise Voltaires auf das Braunschweiger Umfeld noch nicht erschöpft. Daß ihm von seinem Braunschweig-Aufenthalt im Jahre 1743 her die Wolfenbütteler Bibliothek bekannt war, belegt der Eintrag im Besucherbuch vom 14. Oktober dieses Jahres: „Francois de Voltaire agé de quarantes sept ans né a Paris."[112] So konnte er diese auch plausibel als Quelle einer weiteren religionskritischen Schrift aus seiner Feder hinstellen. Er fingiert in dem theologisch brisanten Text *Les Questions de Zapata*, der im April 1767, also nur etwa ein halbes Jahr vor den *Lettres sur Rabelais*, erschienen war, die Herkunft des angeblichen spanischen Originals aus der „bibliothèque de Brunsvick", mit der nur die herzögliche Wolfenbütteler Bibliothek gemeint sein kann.[113] Der einzige Beleg für einen Leser der *Lettres sur Rabelais* im Wolfenbütteler und Braunschweiger Kontext, den ich bisher ausmachen konnte, bezieht sich bezeichnenderweise auf keinen Geringeren als den damaligen Bibliothekar Gotthold Ephraim Lessing. Denn die unter dem falschen Erscheinungsort London 1768 erschienene Ausgabe der *Lettres sur Rabelais* fand sich nach Lessings Tod in dessen Büchernachlaß. Über den weiteren Verbleib dieser Ausgabe ist nichts bekannt; in der Herzog-August-Bibliothek ist das Werk nicht vorhanden.[114]

VIII. Voltaire und das Bild der Juden in den „Lettres sur Rabelais", mit einem Hinweis auf den Briefwechsel von Carl Wilhelm Ferdinand und Moses Mendelssohn über Judentum und Christentum

Das Verhältnis des Aufklärers zu Juden und Judentum ist notorisch umstritten, und zwar nicht nur im Falle Voltaires, mag dieser auch der prominenteste Name sein, der in diesem Zusammenhang meist genannt wird.[115] Während Voltaire von den einen des Antisemitismus bezichtigt wird, bemühen sich andere um eine differenziertere Sicht, die manche seiner unstreitig sehr harschen Äußerungen zumindest verstehbar machen sollen. Das generelle Problem aufklärerischer Religionskritik bestand darin, daß die Kritik am Christentum, die im Zentrum stand, weil das Christentum, institutionell verkörpert durch die Kirche, eine reale Macht darstellte, zugleich auch mit einer Kritik des Judentums verbunden werden mußte, weil dieses unzweifelhaft die historische Grundlage für das Christentum darstellte. Denn alles, was an Göttlichem und Wunderbarem im Alten Testament berichtet wurde und von den Christen als Glaubensgegenstand bzw. Wunderbeweis und Weissagung akzeptiert wurde, war den christentumskritischen Aufklärern wie Voltaire in Dorn im Auge.[116] Aus der engen Verbindung von Christentum und Judentum, die sich durch diese polemische Konstellation ergab, dürften manche deutlich überzogenen Äußerungen Voltaires resultiert haben, die er auch gesprächsweise zum Besten gab.[117] Christoph Bultmann konstatiert den „scharfen antijüdischen Zug" in Voltaires Bibelkritik, betont dabei jedoch deren dreifache Stoßrichtung: 1. gegen die jüdische Tradition, 2. gegen die christliche Tradition und 3. für eine positive Religionsphilosophie, die auf der Universalität des moralischen Gesetzes basiert, das auch durch Handlungen Gottes nicht außer Kraft gesetzt werden dürfe.[118]

Wenn sich nun Voltaire in den *Lettres sur Rabelais* den Juden zuwendet, beginnt er gleich mit einem durchaus heiklen Punkt. Denn er sagt, daß von allen, welche in ihren Schriften das Christentum angegriffen hätten, die Juden „wohl am meisten zu fürchten sein" müßten; vor allem aber betont er, daß es „einem durchschnittlichen Gelehrten schwerfallen [dürfte], ihnen die Spitze zu bieten", wenn man ihnen nicht die Wunder entgegenhalten könnte, „die unser Herr Jesus Christus verrichtet hat".[119] Voltaire führt in geraffter Form vor, in welchen Punkten die Juden scharfsinnig gegen die Christen argumentieren. Nur ein Christ, der perfekt Hebräisch beherrsche, könne mit ihnen diskutieren. Voltaire führt verschiedene jüdische Schriften an, von denen die älteste der *Toldos Jeschut* sei, eine den Evangelien zuwiderlaufende Jesus-Darstellung.[120] Hier kann nur der Blick auf Voltaires adressatenspezifische Schlußpassage gelenkt werden, die wohl als Beispiel für dessen ironische Redeweise gewertet werden muß. Denn auch an dieser Stelle spricht Voltaire als Christ, und zwar als toleranter Christ. So könne man den Juden, sagt er, es „nicht als Verbrechen zur Last legen, daß sie versucht haben, ihre alte Religion auf Kosten der unseren zu behaupten"; man könne sie nur beklagen und man müssen im Gegensatz dazu denjenigen Vorwürfe machen, „die aus den Streitgesprächen zwischen Christen und Juden Vorteil gezogen haben, um die eine wie die andere zu bekämpfen."

Voltaire klagt hier über jene, die, „erschreckt von siebzehn Jahrhunderte währenden Widersprüchen, ermüdet auch von so vielen Disputen, sich dem Theismus in die Arme geworfen haben und nur einen Gott samt einer lauteren Moral gelten lassen wollen."[121] Voltaire tut hier also so, als würde er etwas gegen die Theisten haben, die sich allein eine natürliche Moral, eine Art naturalisiertes Christentum der Nächstenliebe bewahrt, aber den Glauben preisgegeben hätten. Voltaire endet so mit einer hoch ironischen Volte, die den gläubigen Gehorsam gegenüber dem Kreuz – die Torheit – über die Weisheit als rein menschliches Ziel zu stellen scheint: „Sie hätten gefügig sein sollen und haben danach gestrebt, weise zu sein. Aber wie weit überlegen ist die Torheit des Kreuzes dieser Weisheit, wie der Apostel Paulus sagt."[122] Voltaire endet nicht mit einem Argument, sondern mit der Berufung auf eine Autorität.

Nur wenige Jahre nach diesen Ausführungen Voltaires, am 2. Januar 1770 wendet sich Carl Wilhelm Ferdinand, wie bereits erwähnt, an Mendelssohn, um ihn direkt zu fragen,

> wie ein unter dem Mosaischen Gesetz lebender Philosoph den historischen Beweis von Moses führt, in welchem wir mit ihm einstimmig sind, und wie zugleich denen historischen Beweisen ausgewichen wird, auf welchen der christliche Glaube sich gründet, welcher ja größtentheils auf Zeugnissen beruht, welche unter dem Mosaischen Gesetz als Göttliche Eingebung angenommen werden.[123]

Mendelssohns ausführliche Antwort, die dieser mit den deutlichsten Reverenzbezeigungen an Seine Durchlaucht richtet, kann zwar nicht zu jenen Texten gerechnet werden, die schlecht vom Christentum sprechen. Sie schenkt diesem aber auch nichts, legt die entscheidenden Punkte klar und deutlich dar und erweist damit sowohl intellektuell als auch moralisch die höchste Anerkennung. Mendelssohns Brief führt nur deshalb nicht zu heftigsten Reaktionen, weil der Erbprinz das Vertrauen Mendelssohns nicht enttäuschte und den Brief strikt für sich behielt. Mendelssohn honorierte dies später gleichsam, als er dem Herzog 1785 seine Schrift *Morgenstunden oder Vorlesungen über das Daseyn Gottes* zuschickte und sie als Beantwortung einer früheren Bitte Carl Wilhelm Ferdinands präsentierte, er möchte doch wie im *Phädon* über die Unsterblichkeit auch das Dasein Gottes in ähnlicher Weise abhandeln.

IX. Die Auseinandersetzung mit Voltaire in Braunschweig aus literaturkritischer Sicht: Johann Joachim Eschenburg

Voltaires *Briefe über Rabelais* sind nur ein kleiner Teil des religionskritischen Œuvres dieses außerordentlichen Autors, der so sehr mit der Aufklärung identifiziert wurde, daß mit dem Ausklingen der Epoche der Aufklärung auch sein Renommee stark abnahm. Schon zu Lebzeiten des Dichters begannen bereits die Kontroversen, die dazu beitrugen, Voltaire zu einer Kristallisationsfigur öffentlicher Diskurse zu machen. Hier sei aus der Fülle der Stellungnahmen in den deutschen Zeitschriften der zweiten Hälfte des 18. Jahrhunderts nur eine zitiert. Diese Stellungnahme entstammt dem Kontext der Shakespeare-Debatte, in der Voltaire wenig überraschend ein zentraler Bezugspunkt war. Dessen harsche Shakespeare-Kritik war von dem Braunschweiger Professor Johann Joachim Eschenburg, dem Fortsetzer der Wieland'schen Übersetzung und maßgeblichen Shakespeare-Kenner seiner Zeit, deutlich zurückgewiesen worden. So wandte er sich ausdrücklich gegen die Schmähungen Shakespeares durch Voltaire in einem Schreiben an die französische Akademie vom 25. August 1776 und beklagt nicht nur die Geschwindigkeit, mit der die Klageschrift niedergeschrieben wurde. Zwar fehle es auch hier nicht an „witzigen Einfällen", sehr wohl aber an Gründlichkeit und einsichtsvoller Prüfung; Voltaire verfahre mit Shakespeare so wie mit der Bibel, denn er reiße einzelne Stellen aus dem Zusammenhang und lege dies noch einseitig aus. Denn er verschweige vorsätzlich, was gegebenenfalls für eine Stelle zur Verteidigung gesagt werden könnte, während er Gegenargumente stark herausstreiche.[124] Eschenburg sieht also als methodisch bewußter und gemäßigter Aufklärer, dem nichts ferner lag als Feindschaft gegen das Christentum, die eklatanten Mängel Voltaires im Methodischen, die ihn sowohl als Historiker als auch als Literarhistoriker unzuverlässig erscheinen lassen.

Es gab aber unter den Zeitgenossen auch entschiedene Voltaire-Apologeten, für die Voltaire so sehr mit der Aufklärung identifiziert wurde, daß jede Voltaire-Kritik als tendenziell antiaufklärerisch gelten durfte und deshalb entschieden bekämpft werden mußte. Hier nun jenes entschiedene Votum für Voltaire, das der Außenseiter-Schriftsteller Johann Karl Wezel Ende der 1770er Jahre formulierte:

> Niemand hat überhaupt dergleichen [Sottisen; T.K.] von sich müssen sagen lassen, als Voltären noch itzt in unserm Vaterlande gesagt werden. Jeder Professor, der durch seinen schwerfälligen Witz einmal die Zuhörer für die Langweiligkeit seines Vortrags schadlos halten will, giebt Voltären Ohrfeigen, um den Herren Kommilitonen eins zu lachen zu geben: jeder Kandidat, der, seinem hochgeneigten Gönner zum Antritt eines ehrwürdigen Amts Glück zu wünschen, eine gelehrte Abhandlung zusammenkompilirt, putzt sein langweiliges Produkt mit Voltärens dogmatischen Schnitzern auf, und noch neulich habe ich in dem dicken Buche eines großen Mannes die herzbrechende Klage gefunden: 'Wenn sich nur Voltäre nicht durch seine historischen Schriften entehrt hätte!' In eine gewisse Clique unserer heutigen Orakelgeister hat sich dieser Ton eingeschlichen: Voltäre und die Franzosen sind ihre Strohmänner, auf welche sie bey jeder schicklichen oder unschicklichen Gelegenheit das Schwerdt ihren zentnerschweren Witzes zücken: und doch will ich hundert gegen eins wetten, daß sie die meisten nicht anders als durch Hörensagen kennen. Wenn die Leute wider den Willen der Natur witzig seyn wollen, warum sind sie es denn nicht über ihre eignen Lächerlichkeiten? Warum bedenken sie nicht, daß keiner unter ihnen Voltärens Fehler begehen kann? Er begehe sie; und er wird unserer Nation Ehre machen.

Eschenburg konnte sicherlich durch eine solche Kritik nicht getroffen werden, auch wenn er sich immer wieder herausnahm, an Voltaire seinerseits Kritik zu üben. Doch war diese Kritik selbst aufklärerischen Maßstäben verpflichtet, stützte sich auf wissenschaftliche Rationalität und eine grundsätzlich wohlwollende Hermeneutik. Daher konnte Eschenburg, wie ich andernorts dargestellt habe, Voltaires selektiv operierende Polemik sowohl gegen Shakespeare wie gegen die Bibel nicht akzeptieren.[125] Was die literarischen und historischen Werke Voltaires betraf, gelangte Eschenburg zu einer recht ausgewogenen Stellungnahme. Er würdigte Voltaire als einen in seiner Art einzigen Schriftsteller, bei dem das „Unterhaltende, Anziehende, Reizende und Lebhafte seiner Erzählungsgabe" allgemein anerkannt werde. Doch dieses Lob bezieht sich nur auf die Darstellungsweise, denn „die gerechten Foderungen [sic], welche Wahrheit und Treue mit so vielem Recht an jeden Geschichtschreiber machen, findet man durch ihn zu wenig geachtet und befriedigt." Wenn man sich nur auf die lebendige Darstellung und „wirksame Schilderungen für Phantasie, Herz und Gefühl" konzentriere, könne man Voltaire nur „schätzen und bewundern". Eschenburg hebt hervor, daß Voltaire in seiner Art der Geschichtsschreibung „mehr auf Sitten, und Aeußerungen der Denkungsart und Charaktere, als auf die Eräugnisse und Begebenheiten, sein Augenmerk richtete." Das gelte für die Geschichte des Jahrhunderts Ludwigs XIV., aber vor allem auch in seinem *Essai sur les Moeurs*. Im Letzten kann – Eschenburg zufolge – Voltaire als philosophischer Gegenpol zu einer offenbarungsgläubigen, auf die göttliche Vorsehung gegründeten Geschichtsauffassung verstanden werden, woraus entgegengesetzte Weltdeutungen resultierten, die sich in allen ihren Schriften zeigten: „So wie Bossuet alles in der Geschichte auf den Einfluß der Religion hinführte, so nahm Voltaire durchgängig die Philosophie zum vornehmsten Gesichtspunkte."[126] Daß Eschenburg aber nicht bereit war, dem brillanten Schriftsteller Voltaire auch geschichtsphilosophisch konsequent zu folgen, ergibt sich schon aus seiner angedeuteten Unzufriedenheit mit Voltaires bibelhermeneutischer Praxis, die gegen das Prinzip der Billigkeit verstieß.

X. Coda: Voltaires Spuren nach dem Ende seines Jahrhunderts – von Schopenhauer zu Nietzsche

Im 19. Jahrhundert waren es vor allem drei sehr unterschiedliche Denker, die sich für Voltaire in die Bresche schlugen bzw. in unterschiedlicher Weise an sein Denken anknüpften. So spricht etwa Arthur Schopenhauer, der in seiner philosophischen Grundhaltung eine beachtenswerte Mischung aus radikalem philosophischem Denken und politischem Konservatismus verkörperte, vom „große(n), herrliche(n), unsterbliche(n) Voltaire".[127] Schopenhauer fühlte sich als metaphysischer Pessimist eng mit Voltaire verbunden und sah gerade in dessen Einsicht „von der überwiegenden Größe des Uebels und vom Jammer des Daseyns" einen der Punkte, mit denen Voltaire sich sogar höher als Rousseau gestellt habe. Schopenhauer hielt Voltaire für einen großen Mann, den er gerade deshalb besonders lobte, weil er „den Schmähungen feiler Deutscher Tintenklexer" ausgesetzt war.[128] Es folgten ihm darin noch Autoren wie der von Nietzsche ebenso stark rezipierte wie später aus anderen Gründen kritisierte David Friedrich Strauß, dessen Voltaire-Monographie ursprünglich aus Vorträgen vor einer Prinzessin hervorging und noch viele Jahrzehnte später vom Kröner-Verlag (zuletzt wohl 1941) aufgelegt wurde.[129]

Nietzsche selbst, der die erste Ausgabe von *Menschliches, Allzumenschliches*, seinem „Buch für freie Geister", dem Andenken Voltaires widmete, sah sich selbst einerseits in der Tradition Voltaires – nahm aber nirgends erkennbar Bezug auf Rabelais.[130] Aber als radikaler Erneuerer der Philosophie, der sie auf bisher nicht gekannte Wege zu lenken suchte, war er zugleich auch ein Überbieter Voltaires, der es darauf anlegte, im Interesse der Philosophie eine Christentumskritik ins Werk zu setzen, die man vielleicht als *Kritik aller Offenbarung* am besten würdigen könnte. Diese Kritik sah Nietzsche selbst in seinem vielleicht änigmatischsten Werk verkörpert, dem poetisch-philosophischen *Also sprach Zarathustra*. Er schreibt dazu in einem Brief vom 26. August 1883 an Franz Overbeck, mit dem er sich in einer geistigen Waffengenossenschaft befand,[131] folgende

Worte, die zu denken geben sollten: „Seit Voltaire gab es kein solches *Attentat* gegen das Christenthum – und, die Wahrheit zu sagen, auch Voltaire hatte keine Ahnung davon, daß man es *so* angreifen könne."[132]

Mit diesem Nietzsche-Wort sind wir an einem Punkt angekommen, an dem sich die Frage nach dem Verhältnis von Christentum, natürlicher Religion und Atheismus mehr als ein Jahrhundert nach Voltaires Tod in ganz anderer Form, vor dem Hintergrund ganz anderer Entwicklungen in Theologie und Philosophie stellt. Nietzsche präsentiert sich nicht mehr wie noch Voltaire als Gegner von Christentum und Atheismus zugleich. Aber wenn man verstehen möchte, welchen Weg Nietzsche eingeschlagen hat und wie er ihn gegangen ist, wird man auch bedenken müssen, woran er anknüpft und wovon er sich mit seinem Pathos der Distanz absetzt. Voltaire nun gehört elementar zu diesen Anknüpfungs- und Abstoßungspunkten – sein Rang wird schon dadurch markiert, daß Nietzsche ihn offensichtlich für wert befunden hat, von ihm selbst überwunden zu werden. Aber damit verlassen wir endgültig Braunschweig und bewegen uns in ganz andere Regionen z. B. solche von „Eis und Hochgebirge", wie sie dem *Philosophen* Nietzsche weit mehr entsprachen[133] als die ebenso gediegene wie fröhliche Geselligkeit und Urbanität einer gemäßigten Aufklärung im Norden Deutschlands.[134]

Wenn Nietzsche von einem Attentat auf das Christentum spricht, das radikaler als jenes von Voltaire selbst durchgeführt war, so folgen ihm darin auch spätere Interpreten, die ihm wie Jaspers zuschrieben, „in unserem Zeitalter den vielleicht erbarmungslosesten Angriff auf das Christentum vollzogen" zu haben.[135] Erst jüngst hat Heinrich Meier an diese Interpretationslinie angeknüpft, als er sagte, Nietzsche habe die schärfste Kritik des Christentums artikuliert, die es je gegeben habe.[136] Gewiß: Voltaire verblaßt als Christentumskritiker im Schatten Nietzsches. Aber wendet man den Blick zurück auf seine Zeit und die hier ansatzweise aufgezeigten Debatten, in denen er sich engagierte, wird deutlich, daß ohne die intensiven theologisch-philosophischen Auseinandersetzungen der Aufklärungszeit Nietzsche sicherlich nicht in jene Regionen von

Eis und Hochgebirge vorgedrungen wäre, die er sich als bevorzugte Lebenswelt des Philosophen vorstellte. Ob Nietzsches Radikalisierung der radikalen Aufklärung allerdings das tragfähigere oder auch nur wünschenswertere Prinzip darstellt gegenüber der nicht nur rhetorisch gemäßigteren Aufklärung des Braunschweiger Kreises im 18. Jahrhundert – das ist eine Frage, die aus dem Bereich der Geschichts- und Literaturwissenschaft weit hinausführt und daher allenfalls an einem anderen Ort zu verhandeln wäre.

XI. Anmerkungen

<u>1</u> So etwa in der früher sehr verbreiteten populärwissenschaftlichen Kulturgeschichte von Will und Ariel Durant: *Das Zeitalter Voltaires*. Köln 1985; sowie Victor Klemperer: *Geschichte der französischen Literatur im 18. Jahrhundert. Band 1: Das Jahrhundert Voltaires*. Berlin 1954. Die letzte deutsche Veröffentlichung zum Thema ist Norbert Campagna/Rüdiger Voigt (Hg.): *Das Jahrhundert Voltaires. Vordenker der europäischen Aufklärung*. Baden-Baden 2020.

<u>2</u> Der Text Voltaires wird im Folgenden zitiert nach den beiden Ausgaben 1. in der Bibliothèque de la Pleiade (*Mélanges*. Hg. von Jacques van den Heuvel. Paris 1961, S. 1163–1223) sowie 2. in den *Œuvres complètes* Bd. 63B (Oxford 2008. Hg. von François Bessire, S. 353–489; mit der Sigle OC 63B) sowie nach der unten angegebenen (unvollständigen) Übersetzung. Der Titel, wie ich ihn oben nach der Pleiade-Ausgabe zitiert habe, weicht von der Originalausgabe ab, wo er lautet: *Lettres à Son Altesse Monseigneur le prince de *****. Aus den vier Sternchen als Platzhalter des Adressaten werden in der Pleiade-Ausgabe fünf Sternchen und in der kritischen Ausgabe der Werke Voltaires lediglich drei. Die kritische Edition gibt im Untertitel den Ausdruck „religion chrétienne" in Kleinschreibung, während die Originalausgabe diesen Ausdruck durch Großschreibung hervorhebt: „Religion Chrétienne". Die genannten Unterschiede sind in der kritischen Ausgabe nicht vermerkt. Eine – bisher wohl die einzige – deutsche Teilübersetzung liegt vor mit Voltaire: *Aus den Briefen an seine Hoheit Monseigneur le Prince de ... über Rabelais sowie andere Autoren, die man bezichtigt, sie hätten die christliche Religion verunglimpft (1767)*. In: *Kritische und satirische Schriften*. Übertragen von Karl August Horst, Joachim Thimm und Liselotte Ronte und einem Nachwort von Fritz Schalk. München 1970, S. S. 386–427. Wer von den angegebenen Übersetzern den Text wirklich übertragen hat, wird in dem Band nicht mitgeteilt.

<u>3</u> Siehe Hermann Ley: *Geschichte der Aufklärung und des Atheismus* 4/2. Berlin 1984, S. 59. Siehe Voltaire: *Mélanges*. Hg. von Jacques van den Heuvel. Paris 1961, S. 253–270, Anm. S. 1382; sowie Jean-Jacques Rousseau: *Œuvres complètes III: Du contrat social. Écrits politiques*. Hg. von Bernard Gagnebin und Marcel Raymond. Paris 1964, S. 799.

<u>4</u> *Correspondance générale d'Helvétius. Volume III. 1761–1774 / Lettres 465–720*. Hg. von Alan Dainard, Marie-Thérèse Inguenaud, Jean Orsoni, David Smith und Peter Allan. Toronto 1991, S. 264 (Nr. 608).

<u>5</u> Siehe Voltaire: *Mélanges* (Anm. 2), S. 1458, mit Verweis auf den frühen Herausgeber Beuchot. Verschiedene Voltaire-Ausgaben, darunter z.B. eine von 1825 bei Dalibon erschienene, präsentieren den Text sogar explizit mit dem

Titel *Lettres à son Altesse le Prince de Brunsvick* (im Inhaltsverzeichnis: Brunswick). Siehe Band 44, S. 291, der genannten Ausgabe.

6   *Correspondance littéraire, philosophique et critique de Grimm et de Diderot depuis 1753 jusq'en 1790.* Paris 1829, Bd. V (1766–1768), S. 342.

7   Siehe Kirill Abrosimov: *Aufklärung jenseits der Öffentlichkeit. Friedrich Melchior Grimms „Correspondance littéraire" (1753–1773) zwischen der „république des lettres" und europäischen Fürstenhöfen.* Ostfildern 2014, S. 93–94; siehe den Brief Voltaires an Damilaville vom 4. Dezember 1767 in:*Œuvres complétes de Voltaire.* Band 73 (Correspondance générale IX). Paris 1832, S. 66–68.

8   Voltaire: *Lettres sur Rabelais.* In: *Mélanges* (Anm. 2), S. 1186; OC 63B, S. 426; *Aus den Briefen* (Anm. 2), S. 402.

9   Voltaire: *Correspondance IX (juillet 1767–septembre 1769).* Hg. von Theodore Besterman. Paris 1985, S. 190, 121.

10 Zu Carl Wilhelm Ferdinand im Kontext der Aufklärung siehe das grundlegende und bis heute nicht überholte Standardwerk von Selma Stern: *Karl Wilhelm Ferdinand. Herzog von Braunschweig und Lüneburg.* Hildesheim/Leipzig 1921; sowie zuletzt den Überblick bei Gerd Biegel: *6. Februar 1794. Rückkehr von Herzog Carl Wilhelm Ferdinand aus Frankreich und die Geschichte von Braunschweigs Stiftung.* Braunschweig 1994, S. 11–49. Siehe auch Josef Ettlinger: *Benjamin Constant. Der Roman eines Lebens.* Berlin 1909, der S. 35 den Erbprinzen u.a. folgendermaßen (und nicht ganz korrekt) würdigt: „Ihm hatte Voltaire seine antiorthodoxen *Briefe über Rabelais* zueignen dürfen, an ihn konnte im Jahre von Constants Ankunft der gleich Lessings Freunden Ebert und Eschenburg in Braunschweig literarisch wirkende Joachim Heinrich Campe seine revolutionsbegeisterten *Briefe aus Paris* richten, ohne den geistig hochstehenden Fürsten gegen sich aufzubringen."

11 Carl Friedrich Pockels: *Carl Wilhelm Ferdinand, Herzog zu Braunschweig und Lüneburg. Ein biographisches Gemälde dieses Fürsten.* Tübingen 1809, S. 213–219.

12 Stern: *Karl Wilhelm Ferdinand* (Anm. 10), S. 4. Leider fehlt bisher, wenn ich richtig sehe, eine genauere Aufarbeitung von Voltaires Braunschweig-Aufenthalt, auch wenn dieser deutlich kürzer war als derjenige in Gotha, wo er 1753 auf der Flucht aus Preußen einige Wochen (22. April bis 25. Mai) Station machte. Vgl. dazu Friedegund Freitag: *Voltaire in Gotha.* Halle 2014.

13 Vgl. Franz Mehring: *Die Lessing-Legende.* Frankfurt/M. 1972, S. 205–208, 333–335; sowie Rolf Hagen: *Gotthold Ephraim Lessing in Braunschweig.* In: Gerd Bie-

gel (Hg.): *Lessing in Braunschweig und Wolfenbüttel.* Braunschweig 1997, S. 62–82, hier 62, 69–70, 80.

14 Stern: *Karl Wilhelm Ferdinand* (Anm. 10), S. 37; Jean-François Marmontel: *Erinnerungen an Philosophen und Aktricen.* Leipzig 1979, S. 474–475.

15 Stern: *Karl Wilhelm Ferdinand* (Anm. 10), S. 217.

16 Heidi Denzel de Tirado: *Biographische Fiktionen. Das Paradigma Denis Diderot im interkulturellen Vergleich (1765–2005).* Würzburg S. 41.

17 Biegel: *6. Februar 1794* (Anm. 10), S. 47.

18 Stern: *Karl Wilhelm Ferdinand* (Anm. 10), S. 38.

19 Stern: *Karl Wilhelm Ferdinand* (Anm. 10), S. 331.

20 *Erinnerungen einer Urgroßmutter (Katharina Freifrau von Bechtolsheim geb. Gräfin Bueil). 1787–1825.* Hg. von Carl Graf Oberndorff. Berlin 1903, S. 75.

21 Selma Stern: *Der preußische Staat und die Juden. Dritter Teil: Die Zeit Friedrichs des Großen. Erster Teil: Darstellung.* Tübingen 1971, S. 387–388.

22 Siehe Gisbert Portstmann: *Moses Mendelssohn. Porträts und Bilddokumente.* Stuttgart-Bad Cannstatt 1997, S. 175–177; Alexander Altmann: *Moses Mendelssohn. A Biographical Study.* London 1973, S. 212–213.

23 Siehe Björn Pecina: *Mendelssohns diskrete Religion.* Tübingen 2016, S. 224–228.

24 Siehe Shmuel Feiner: *Moses Mendelssohn. Ein jüdischer Denker in der Zeit der Aufklärung.* Göttingen 2009, S. 94–96. Der Brief Mendelssohns vom 23. Januar 1770 findet sich auszugsweise in Eva J. Engel (Hg.): *Einsichten. Ausgewählte Briefe von Moses Mendelssohn.* Dessau 2004, S. 213–216, und vollständig in Moses Mendelssohn: *Ausgewählte Werke. Studienausgabe. Band II: Schriften zu Aufklärung und Judentum 1770-1786.* Hg. von Christoph Schulte, Andreas Kennecke und Grazyna Jurewicz. Darmstadt 2009, S. 49–55.

25 Siehe Abrosimov: *Aufklärung jenseits der Öffentlichkeit* (Anm. 7), S. 119, 236. Eine deutsche Auswahl aus diesem Organ bietet Melchior Grimm: *Paris zündet die Lichter an. Literarische Korrespondenz.* München 1977. Archivalische Spuren der *Correspondance littéraire* in Braunschweig oder Wolfenbüttel scheint es nicht zu geben, was etwas skeptisch stimmt.

26 *Erinnerungen einer Urgroßmutter* (Anm. 20), S. 58–59, 72.

27 Siehe Maria Moog-Grünewald: *Jakob Heinrich Meister und die „Correspondance littéraire". Ein Beitrag zur Aufklärung in Europa.* Berlin/New York 1989, S. 34. Detailliertere Angaben dazu scheint es über den knappen Hinweis von Meister selbst hinaus nicht zu geben.

28 Siehe John Toland: *Briefe an Serena. Über den Aberglauben – Über Materie und Bewegung,* Hg. von Erwin Pracht. Berlin 1959, S. XXV, LVIII Anm. 90.

29 Siehe den Reprint der ersten deutschen Ausgabe von 1769, Leonhard Euler: *Briefe an eine deutsche Prinzessin über verschiedene Gegenstände aus der Physik und der Philosophie.* Hg. von Andreas Speiser. Braunschweig 1986.

30 Voltaire: *Lettres sur Rabelais.* In: *Mélanges* (Anm. 2), S. 1176; OC 63B, S. 407.

31 Siehe die wichtigen Hinweise, die auch die *Lettres sur Rabelais* einschließen, bei Marie-Hélène Cotoni: *Fluctuations de Voltaire sur quelques figures de la littérature philosophique clandestine.* In: *La Lettres Clandestine Nr. 16: Voltaire et les manuscrits philosophiques clandestins.* Paris 2008, S. 117–135.

32 Theodore Besterman: *Voltaire.* London 1969, S. 461. Besterman weist auch darauf hin, daß die gängige Abkürzung des Titels dieser Schrift, die hier auch Verwendung findet, mißverständlich ist, da es in ihr mitnichten nur um Rabelais gehe. Auch Jean Orieux: *Das Leben des Voltaire.* Frankfurt/M.: 1994, S. 696–702, betont die verschärfte antichristliche Stoßrichtung Voltaires in den 1760er Jahren. Siehe auch Marlene Meuer: *Polarisierungen der Antike. Antike und Abendland im Widerstreit – Modellierungen eines Kulturkonflikts im Zeitalter der Aufklärung.* Heidelberg 2017, S. 235–246; sowie Volker Reinhardt: *Voltaire. Die Abenteuer der Freiheit. Eine Biographie.* München 2022, S. 468.

33 Siehe Voltaire: *Examen important de Bolingbroke ou Le tombeau du fanatisme.* In: *Mélanges* (Anm. 2), S. 1019–1117.

34 Christoph Bultmann: *Bibelrezeption in der Aufklärung.* Tübingen 2012, S.119–120.

35 Siehe Edmund Burke: *Reflections on the Revolution in France.* Hg. von J. C. D. Clark. Stanford 2001, S. 253.

36 Siehe z. B. Jonathan I. Israel: *Enlightenment Contested. Philosophy, Modernity, and the Emancipation of Man 1670–1752.* Oxford 2006, S. 751.

37 Siehe Besterman: *Voltaire* (Anm. 32), S. 462.

38 Siehe Thomas Schleich: „Fanatique, Fanatisme". In: *Handbuch politisch-sozialer Grundbegriffe in Frankreich 1680–1820*. Hg. von Rolf Reichardt und Eberhard Schmitt. München 1986, S. 16–19.

39 Johann Joachim Eschenburg: *Kleine Geschichte des Romans von der Antike bis zur Aufklärung. Mit einem Anhang: Eschenburgs Übersetzung von Denis Diderots Essay „Richardsons Ehrengedächtniß"*. Hg. von Till Kinzel. Hannover 2015, S. 51. Das Original in Johann Joachim Eschenburg: *Beispielsammlung zur Theorie und Literatur der schönen Wissenschaften*. Bd. 8, 2. Abt. Berlin/Stettin 1795, S. 230.

40 Voltaire: *Lettres sur Rabelais*. In: *Mélanges* (Anm. 2), S. 1170–1171; OC 63B, S. 393-394; *Aus den Briefen* (Anm. 2), S. 394-396. Siehe *Dunkelmännerbriefe. Epistolae obscurorum virorum an Magister*. Hg. von Karl Riha und übersetzt von Wilhelm Binder. Frankfurt/M. 1991, zur Magie S. 240–241. Wenn Wolfgang Beutin: „'So ein Werk hat uns gefehlt...'" Johann Nicolaus Meinhard (1727-1767) und sein Beitrag zur Renaissance-Rezeption". In: Günter Hartung (Hg.): *Außenseiter der Aufklärung. Internationales Kolloquium Halle a.d. Saale 26.–28. Juni 1992*. Frankfurt/M. 1995, S. 18, meint, es sei zu beachten, daß Friedrich II. in seiner Polemik über die deutsche Literatur auch „einige deutsche Autoren und Erfinder der Renaissance" erwähne und dann beispielhaft auf die *Dunkelmännerbriefe* verweist, ist das hier wenig stichhaltig, da diese Texte in lateinischer Sprache verfaßt worden waren, wie auch Voltaire bemerkt.

41 Siehe Nicholas Cronk: *Voltaire. A Very Short Introduction*, Oxford 2017, S. 21–22; René Pomeau: *La religion de Voltaire*. Paris 1956.

42 Es gibt Hinweise darauf, daß sich Voltaire verdeckter Schreibweisen bediente. Vgl. Cornelia Klette/Cordula Wöbbeking: *Der maskierte Voltaire – verdeckte Schreibarten und Textstrategien des Aufklärers*. Berlin 2015. Nicht zugänglich war mir die Thèse von Claudine Levigne: *L'art du masque dans la polémique anti-chrétienne de Voltaire de 1764 à 1769*. Université de Nice 2001.

43 Siehe Friedrich II. von Preußen: *Schriften und Briefe*. Hg. von Ingrid Mittenzwei. Frankfurt/M. 1986, S. 284–299; Friedrich der Große: *Philosophische Schriften – Œuvres philosophiques* (Werke VI). Hg. von Anne Baillot und Brundhilde Wehinger. Berlin 2007, S. 381–407. Siehe zur Auseinandersetzung des preußischen Königs mit Holbach auch Hans-Christof Kraus: *Der Wendepunkt des Philosophen von Sansscouci*. Berlin 2017, S. 39–48.

44 Cronk: *Voltaire* (Anm. 41), S. 39. Zu Voltaires Descartes-Kritik und der darauf folgenden Gegenkritik siehe Tanja Thern: *Descartes im Licht der französi-*

schen Aufklärung. Studien zum Descartes-Bild Frankreichs im 18. Jahrhundert. Heidelberg 2018, S. 27–127.

45 Eric Voegelin: *Apostasie oder: Die Entstehung der säkularisierten Geschichte – Bossuet und Voltaire* . München 2006, S. 40.

46 Voegelin: *Bossuet und Voltaire* (Anm. 45), S. 40–41.

47 Siehe mit Verweis auf die hier zugrundegelegte Schrift z. B. Jonathan Israel: *Deists Against the Radical Enlightenment, or, Can Deists Be Radical?* In: Winfried Schröder (Hg.): *Gestalten des Deismus in Europa. Günter Gawlick zum 80 Geburtstag.* Wiesbaden 2013, S. 113–136, hier 115–117; sowie Reinhardt: *Voltaire* (wie Anm. 32), S. 452–454. Zu den polemischen Konstellationen der Aufklärung vgl. auch Panajotis Kondylis: *Die Aufklärung im Rahmen des neuzeitlichen Rationalismus.* Hamburg 2002.

48 Zum englischen Deismus und der mit ihm verbundenen Bibelkritik siehe etwa Diego Lucci: *Scripture and Deism. The Biblical Criticism of the Eighteenth-Century British Deists.* Bern 2008; John Redwood: *Reason, Ridicule and Religion. The Age of Enlightenment in England 1660–1750.* London 1996.

49 Gotthard Victor Lechler: *Geschichte des englischen Deismus.* Mit einem Vorwort und bibliographischen Hinweisen von Günter Gawlick. Hildesheim 1965 [zuerst 1841], S. 445.

50 Voltaire: *Traité de Métaphysique.* In: *Mélanges* (Anm. 2), S. 166.

51 Siehe Voltaire: *Lettres sur Rabelais.* In: *Mélanges* (Anm. 2), S. 1179; OC 63B, S. 413.

52 *Briefe des Herrn de Voltaire die Engländer und anderes betreffend.* Berlin 1987, S. 58; *Mélanges* (Anm. 2), S. 40.

53 Voltaire: *Lettres sur Rabelais.* In: *Mélanges* (Anm. 2), S. 1178; OC 63B, S. 410.

54 Voltaire: *Lettres sur Rabelais.* In: *Mélanges* (Anm. 2), S. 1177; OC 63B, S. 408–409. Toland selbst hat in seiner Schrift *Clidophorus* die auch zuvor schon z.B. in den *Letters to Serena* angedeuteten Kenntnis über esoterische und exoterische Philosophie als eigenständiges Thema verhandelt. Diese Schrift erschien als einer von vier Teilen des Buches mit dem Titel *Tetradymus* im Jahre 1720. Siehe dazu u.a. Pierre Lurbe: *„Clidophorus" et la question de la double philosophie.* In: *Revue de synthèse* 2–3 (April–September 1995), S. 379–398; Laurent Jaffro: *L'art de lire Toland.* In: *Revue de synthèse* 2-3 (April–September 1995), S. 399–

419; vgl. auch Till Kinzel: *Lessing und die englische Aufklärung. Bibelkritik und Deismus zwischen Esoterik und Exoterik.* Wolfenbüttel 2011, S. 16–19.

55 Voltaire: *Lettres sur Rabelais.* In: *Mélanges* (Anm. 2), S. 1177; OC 63B, S. 409.

56 Leo Strauss: *Persecution and the Art of Writing.* Chicago 1988, S. 33–34.

57 Voltaire: *Lettres sur Rabelais.* In: *Mélanges* (Anm. 2), S. 1182; OC 63B, S. 420.

58 Vgl. aber Johann Arnold Eberts raffiniertes Argument in der Einleitung zur Übersetzung von John Jortins *Abhandlung über die Wahrheit der christlichen Religion.* Hamburg 1769, S. IV–V; Till Kinzel: *Aufklärungstheologie, christliche Apologetik und Freiheit der Untersuchung im transnationalen Kontext. Zur Rezeption von William Warburtons „Divine Legation of Moses" und John Jortins „Abhandlung über die Wahrheit der christlichen Religion" bei Gotthold Ephraim Lessing und Johann Arnold Ebert.* In: Albrecht Beutel und Martha Nooke (Hg.): *Religion und Aufklärung. Akten des Ersten Internationalen Kongresses zur Erforschung der Aufklärungstheologie (Münster, 30. März bis 2. April 2014).* Tübingen 2016, S. 561–573.

59 Daß dies die Zeitgenossen so sahen, erhellt aus der Stelle der *Correspondance littéraire,* die über die *Lettres sur Rabelais* berichtet. Hier sagt der Kompilator, Voltaire *gebe* sich in dieser Schrift als guter Christ: „Quant au patriarche [d.i. Voltaire], il fait dans cette brochure le bon chrétien." Siehe Maurice Tourneux (Hg.): *Correspondance littéraire, philosophique et critique par Grimm, Diderot, Raynal, Meister etc.* 7. Band. Paris 1879, S. 489 (November 1767). In den allerdings erst später gedruckten *Mémoires secrets pour servir àl 'histoire de la république des lettres en France.* Band 3. London 1784, S. 256, steht unter dem 19. November 1767 ein Hinweis auf die Schrift Voltaires mit folgender aufschlußreicher Kurzrezension: „On ne pourroit qu'applaudir au but de l'auteur, si dans le précis des ouvrages qu'il présente, il s'etoit occupé sérieusement à les combattre; mais on ne voit que trop que son objet est moins de les réfuter que de remettre sous les yeux du lecteur les opinions dangereuses des Porphyres; des Celses & des Juliens, adoptées et rajeunis par des auteurs de ligue morn conjurée pour sapper & renverser le christianisme jusques dans ses fondements. Cet ouvrage, pour tout dire, est de M. de Voltaire. Il contient des faits curieux & intéressants. La partie historiques en est très-bien fait."

60 Voltaire: *Lettres sur Rabelais.* In: *Mélanges* (Anm. 2), S. 1198; OC 63B, S. 449; *Aus den Briefen* (Anm. 2), S. 412.

61 Voltaire hatte sich aus dem Text Rabelais' mit Schere und Leim eine Art Kurzversion für seinen persönlichen Gebrauch hergestellt. Siehe Jean Orieux: *Das Leben des Voltaire.* Frankfurt/M. 1994, S. 91, 937–938.

62 So Bettina Rommel: *Rabelais zwischen Mündlichkeit und Schriftlichkeit. Gargantua: Literatur als Lebensführung.* Tübingen 1997, S. 10.

63 Josef Popper (Lynkeus): *Voltaire. Eine Charakteranalyse, in Verbindung mit Studien zur Ästhetik, Moral und Politik.* Dresden 1905, S. 53.

64 Siehe zum Verhältnis Voltaire-Rabelais auch Annette Hilker: *Karnevalisierung als Medium der Aufklärung. Fontenelle – Fénelon – Voltaire – Diderot.* Hannover 2006, S. 95–98.

65 Cornelia Klettke: *Lukianischer Spott im Epochenwandel – Zu Voltaires Conversation de Lucien, èrasme et Rabelais dans les Champs-Élysées.* In: Klettke und Wöbbeking: *Der maskierte Voltaire* (Anm. 42), S. 19–30.

66 Siehe Johann Joachim Eschenburg: *Beispielsammlung zur Theorie und Literatur der schönen Wissenschaften.* Achter Band. Erste Abtheilung. Berlin/Stettin 1794, S. 209–215.

67 Voltaire: *Lettres sur Rabelais.* In: *Mélanges* (Anm. 2), S. 1197; OC 63B, S. 447; *Aus den Briefen* (Anm. 2), S. 410–411.

68 Siehe Daniel Ligou: *Recherches sur Voltaire et le luthéranisme allemand.* In: Peter Brockmeier, Roland Desné, Jürgen Voss (Hg.): *Voltaire und Deutschland. Quellen und Untersuchungen zur Rezeption der Französischen Aufklärung.* Stuttgart 1979, S. 269–281, hier S. 273 und 278. Siehe auch Ute van Runset: *Voltaires Deutschlandbild.* In: Ernst Hinrichs, Roland Krebs und Ute van Runset: *„Pardon, mon cher Voltaire..." Drei Essays zu Voltaire in Deutschland.* Wolfenbüttel 1996, S. 70.

69 Dieser Ferdinand ist natürlich, dies sei hier betont, *nicht identisch* mit Carl Wilhelm Ferdinand, was aber noch in der Einleitung der kritischen Edition der *Œuvres complètes* Voltaires übersehen wurde und dann den Herausgeber zu dem hübschen, aber haltlosen Argument verführte, Voltaire habe in dem an den Erbprinzen gerichteten Text auf diesen selbst verwiesen. Siehe OC 63B. Oxford 2008, S. 361. Im übrigen hatte schon Karl Steinacker: *Abklang der Aufklärung und Widerhall der Romantik in Braunschweig.* Braunschweig 1939, S. 111 Anm. 25, von der „scheinbar unausrottbaren Verwechselung Karl Wilhelm Ferdinands mit seinem Oheim Ferdinand" gesprochen. Die bereits oben Anm. 4 erwähnte Ausgabe der *Lettres sur Rabelais* enthält übrigens bereits eine vorangestellte Notiz des Herausgebers Clogenson, die den tatsächlichen Sachverhalt überwiegend klar darstellt: „Le prince auquel sont adressées ces lettres ne peut être Ferdinand, beau-frère de Frédéric II, roi de Prusse; il eté trop dévot et trop mystiquement crédule. C'est plutôt son neveu, Charles-Guillaume-Ferdinand, duc de Brunsvick-Luneburg, né en peu avant 1730 [das ist falsch; das richtige Geburtsdatum ist der 9. Oktober 1735;

tk] et dont Voltaire fait l'éloge, chap. XXXIII du *Siècle du LouisXV*. Il est mort à Altona, le 10 novembre 1806." Zu Ferdinand siehe neuerdings auch die gründliche Arbeit von Thomas Klingebiel: *Feldherren der Aufklärung: Ferdinand von Braunschweig und Friedrich der Große*. Braunschweig 2022.

70 Voltaire: *Précis du siècle de Louis XV*. In: *Œuvres historiques*. Hg. von René Pomeau. Paris 1957, S. 1493; siehe auch Johann Wilhelm von Archenholz: *Geschichte des Siebenjährigen Krieges in Deutschland*. Braunschweig 1997, S. 164–165.

71 Zu La Mettrie siehe Michel Onfray: *Les Ultras des Lumières* (Contre-histoire de la philosophie IV). Paris 2007, S. 99–136, 316–317. Zu seiner Rezeption im zeitgenössischen Deutschland ist instruktiv Paola Rumore: *In Wolff's Footsteps: The Early German Reception of La Mettrie's 'L'Homme Machine'*. In: *Quaestio* 16 (2016): *Another 18th-century German Philosophy? Rethinking German Enlightenment / Un'altra filosofia tedesca del XVIII secolo? Ripensare l'Illuminismo tedesco*. Hg. von Enrico Pasini & Paola Rumore, Tournhout 2016, S. 95–118. Diderot formuliert seine La Mettrie-Kritik in seinem Seneca-Essay. Siehe *Philosophische Schriften. Band II*. Hrsg. und übersetzt von Theodor Lücke. Berlin 1984, S. 428–429; sowie *Œuvres philosophiques*. Hg. von Michel Delon. Paris 2010, S. 862–863. Dazu auch Till Kinzel: *Diderot über Philosophie und Despotie im „Essay über die Herrschaft von Claudius und Nero und Leben und Werke Senecas"*. In: Andreas Heyer (Hg.): *Der politische Diderot*. Baden-Baden 2021, S. 239–250.

72 Voltaire: *Über den König von Preußen. Memoiren*. Hg. und übersetzt von Anneliese Botond. Frankfurt/M. 1967, S. 41–42.

73 Siehe Friedrich der Große: *Gespräche mit Henri de Catt*. München 1981, S. 114.

74 Victor Klemperer: *Geschichte der französischen Literatur im 18. Jahrhundert. Band 1: Das Jahrhundert Voltaires*. Berlin 1954, S. 244.

75 Siehe auch René Pomeau: *La religion de Voltaire*. Paris 1956, S. 177, der auf die Gefährlichkeit des Textes hinweist: „S'il en eût été reconnu l'auteur, c'était la Bastille à perpétuité, et peut-être pis."

76 Gerd Schwerhoff: *Verfluchte Götter. Die Geschichte der Blasphemie*. Frankfurt/M. 2021. S. 291; Voltaire: *Avis au public sur les parricides imputés aux Calas et au sirven*. In: *Mélanges* (Anm. 2), S. 827–847.

77 In den *Lettres sur Rabelais* verweist er am Schluß z.B. auf den Autor der *Henriade*, also sich selbst. Siehe *Mélanges* (Anm. 2), S. 1222–1223; OC 63B, S. 487–488; *Aus den Briefen* (Anm. 2), S. 426.

78 Siehe zu Schmidt und der Wertheimer Bibel Ursula Goldenbaum: *Der Skandal der „Wertheimer Bibel". Die philosophisch-theologische Entscheidungsschlacht zwischen Pietisten und Wolffianern.* In: *Appell an das Publikum. Die öffentliche Debatte in der deutschen Aufklärung 1687-1796. Teil 1.* Berlin 2004, S. 175–509; Paul S. Spalding: *Seize the Book, Jail the Author. Johann Lorenz Schmidt and Censorship in Eighteenth-century Germany.* West Lafayette 1998. Es spricht allerdings einiges dafür, daß es faktisch eine Verbindung zwischen Schmidt und Reimarus gab, weil dieser dem Flüchtigen zeitweise Obdach in seinem Haus gegeben zu haben scheint, auch wenn dies Lessing kaum gewußt haben dürfte.

79 Voltaire: *Lettres sur Rabelais.* In: *Mélanges* (Anm. 2), S. 1198; *Aus den Briefen* (Anm. 2), S. 411–412.

80 Voltaire: *Lettres sur Rabelais.* In: *Mélanges* (Anm. 2), S. 1207–1208; OC 63B, S. 463. Siehe dazu ausführlich Kurt Flasch: *Christentum und Aufklärung. Voltaire gegen Pascal.* Frankfurt/M. 2020.

81 So Israel: *Deists Against the Radical Enlightenment, or, Can Deists Be Radical?* (Anm. 46), S. 116; sowie Günther Mensching: *Cartesianischer Materialismus und Revolution. Zum Testament Jean Mesliers.* In: *Das Testament des Abbé Meslier.* Hg. von Günther Mensching. Frankfurt/M. 1976, S. 53–54; Cotoni: *Fluctuations de Voltaire* (Anm. 31), S. 131–132.

82 Die entscheidenden Passagen sind als Anthologie abgedruckt in: Jean Meslier: *Le Testament I–III.* Hildesheim/New York 1974 [Reprint der Ausgabe Amsterdam 1864], S. LIII–LXIV.

83 Siehe z.B. als ersten Teil Albrecht von Haller: *Briefe über einige Einwürfe nochlebender Freygeister wieder die Offenbarung.* Bern 1775. Siehe dazu Wolfgang Wiegrebe: *Albrecht von Haller als apologetischer Physikotheologe. Physikotheologie: Erkenntnis Gottes aus der Natur?* Frankfurt/M. 2009, S. 212–306.

84 Joachim Heinrich Campe: [Rezension zu Albrecht von Haller: *Briefe über einige Einwürfe noch lebender Freygeister wider die Offenbarung.* T.1]. In: *Allgemeine deutsche Bibliothek* 28.2 (1776), S. 5–24. Siehe dazu auch Till Kinzel: *Was ist Offenbarung? Joachim Heinrich Campes „Philosophische Gespräche über die unmittelbare Bekanntmachung der Religion" von 1773 im philosophisch-theologischen Kontext der Spätaufklärung.* In: Cord-Friedrich Berghahn/Imke Lang-Groth (Hg.): *Joachim Heinrich Campe. Dichtung, Sprache, Pädagogik und Politik zwischen Aufklärung, Revolution und Restauration.* Heidelberg 2021, S. 118–120.

85 Haller: *Briefe über einige Einwürfe* (Anm. 83), S. 6.

86 Vgl. Heinrich Meier: *Politische Philosophie und die Herausforderung der Offenbarung.* München 2013.

87 Siehe Albrecht Beutel: *Kirchengeschichte im Zeitalter der Aufklärung. Ein Kompendium.* Göttingen 2009, S. 112; zu Jerusalem siehe S. 118–120.

88 Siehe Claus-Dieter Osthövener (Hg.): *Das Bibliotheksverzeichnis von Johann Friedrich Wilhelm Jerusalem.* Wuppertal 2011, S. 60–61.

89 Friedrich Wilhelm Kantzenbach: *Protestantisches Christentum im Zeitalter der Aufklärung.* Gütersloh 1965, S. 193; Wolfgang Erich Müller: *Johann Friedrich Wilhelm Jerusalem. Eine Untersuchung zur Theologie der „Betrachtungen über die vornehmsten Wahrheiten der Religion".* Berlin/New York 1984, S. 20. Schon in einem Brief vom 12. Januar 1747 an Gottsched äußert sich Jerusalem sehr kritisch über Voltaire Epître à Uranie. Siehe Johann Christoph Gottsched: *Briefwechsel unter Einschluß des Briefwechsels von Luise Adelgunde Victorie Gottsched. Band 12: Oktober 1746-Dezember 1747.* Hg. von Caroline Köhler, Franziska Menzel, Rüdiger Otto und Michael Schlott. Berlin 2018, S. 117.

90 Johann Friedrich Wilhelm Jerusalem: *Betrachtungen über die vornehmsten Wahrheiten der Religion.* Braunschweig 1768, S. 427–428, 431, 434–435.

91 Frederick A. Pottle (Hg.): *Boswell on the Grand Tour. Germany and Switzerland 1764.* Melbourne 1953, S. 14. Siehe auch Daniel Van Brunt Hegeman: *Boswell and the Abt Jerusalem: A Note on the Background of „Werther".* In: *The Journal of English and Germanic Philology* 44.4 (Oktober 1945), S. 367–369.

92 Pottle (Hg.): *Boswell on the Grand Tour* (Anm. 91), S. 54–55.

93 Siehe auch Dieter Cherubim: *Toleranz und Bildung im 18. Jahrhundert. Offene und verdeckte Formen interkonfessioneller Auseinandersetzungen, am Beispiel der Gründung des „Collegium Carolinum" in Braunschweig (1745).* In: Romana Weiershausen, Insa Wilke und Nina Gülcher (Hg.): *Aufgeklärte Zeiten? Religiöse Toleranz und Literatur.* Berlin 2011, S. 91–92. Von Seiten der katholischen Gegenaufklärung in Gestalt von Aloys Merz wurde Jerusalem dafür angegriffen, sei er doch „weder ein aufrichtiger Christ überhaupt, noch viel weniger ein redlicher und aufrichtiger Lutheraner, zum allerwenigsten aber ein starker Gottesgelehrter und Polemiker". Siehe Fred Horstmann: *Aloys Merz, Dom- und Kontroversprediger von Augsburg, als Opponent der Aufklärung.* Frankfurt/M. 1997, S. 26. Der Protestantismus sei die Wurzel der Freidenkerei, weshalb sich diese durch auch nicht durch die biblischen Argumente im Sinne der Berufung Abt Jerusalems auf Simplizität widerlegen lasse (ebd., S. 97).

94 Pottle (Hg.): *Boswell on the Grand Tour* (Anm. 91), S. 62.

95 Jerusalem: *Betrachtungen* (Anm. 90), S. 121.

96 Jerusalem: *Betrachtungen* (Anm. 90), S. 123.

97 Siehe Flasch: *Christentum und Aufklärung* (Anm. 80), S. 291–300.

98 Johann Friedrich Wilhelm Jerusalem: *Fortgesetzte Betrachtungen über die vornehmsten Wahrheiten der Religion. Hinterlaßne Fragmente.* Braunschweig 1792, S. 475.

99 Johann Friedrich Wilhelm Jerusalem: *Betrachtungen über die vornehmsten Wahrheiten der Religion. Zweyten Theils zweyter Band, oder viertes Stück.* Braunschweig 1779, S. 706, 708.

100 Karl Aner: *Die Theologie der Lessingzeit.* Halle 1929, S. 162.

101 Gottsched: *Briefwechsel. Band 12: Oktober 1746–Dezember 1747* (Anm. 89), S. 114.

102 Siehe jetzt generell die gründliche Studie von Marc Bergermann: *Historia Pelagiana. Wahrnehmung und Darstellung des pelagianischen Streites in der protestantischen Kirchenhistoriographie des 18. Jahrhunderts.* Tübingen 2021.

103 Das kann hier nicht weiter im Detail dargestellt werden.

104 Siehe W. H. Barber: *Voltaire: Travel and Travellers' Tales.* In: John Renwick (Hg.): *L'Invitation au voyage. Studies in Honour of Peter France.* Oxford 2000, S. 72–73.

105 Voltaire: *Die Prinzessin von Babylon.* Aus dem Französischen von Johannes Schlaf. München 2007, S. 72–73. Siehe auch Voltaire: *La Princesse de Babylon.* In: *Romans et contes.* Hg. von Frédéric Deloffre. Paris 1979, S. 386. Die Anmerkungen dieser Ausgabe gehen nicht auf die hier im Plural angeführten Fürsten ein, sondern stellen bloß die Seltsamkeit fest, daß Voltaire Friedrich II. nicht namentlich erwähnt (S. 1045).

106 Voltaire: *Lettres sur Rabelais.* In: *Mélanges* (Anm. 2), S. 1188 („Depuis ce temps, la liberté de penser a fait des progrès étonnants dans tout le nord de l'Allemagne."); OC 63B, S. 430; *Aus den Briefen* (Anm. 2), S. 405.

107 Voltaire: *Die Prinzessin von Babylon* (Anm. 105), S. 72.

108 Voltaire: *Die Prinzessin von Babylon* (Anm. 105), S. 75.

<u>109</u> Voltaire: *Questions sur L'Encyclopédie par les amateurs.* 7. Teil. o.O. 1771, S. 248 („Intolérance").

<u>110</u> Siehe Mogens Lærke (Hg.): *The Use of Censorship in the Enlightenment.* Leiden 2009, S. 1.

<u>111</u> Siehe vor allem das Rabelais-Fragment in Laurence Sterne: *The Miscellaneous Writings and Sterne's Subscribers, an Identification List.* Hg. von Melvyn New und W.B. Gerard. Gainesville 2014, S. 152–175. Michail Bachtin: *Rabelais und seine Welt. Volkskultur als Gegenkultur.* Übersetzt von Gabriele Leupold. Frankfurt/M. 1995, S. 163, hat ausdrücklich unter Berufung auf Voltaire die These vertreten, Rabelais sei zu keiner Zeit „weniger verstanden und geschätzt worden" als während der Aufklärung. Weitere Hinweise in Till Kinzel: *Von der empfindsamen Aufklärung zur Essayistik und Narrativik der Renaissance: Johann Joachim Christoph Bode als Leser und Übersetzer englischer und französischer Prosaliteratur der frühen Neuzeit.* In: Cord-Friedrich Berghahn, Gerd Biegel und Till Kinzel (Hg.): *Johann Joachim Christoph Bode. Studien zu Leben und Werk.* Heidelberg 2017, S. 211–234; sowie Till Kinzel: *Der Braunschweiger Hofprediger Matthias Theodor Christoph Mittelstedt (1714–1777). Ein Prinzessinnenerzieher und Theologe als Vermittler britischer Literatur, Theologie und Geschichtsschreibung im 18. Jahrhundert.* In: *Jahrbuch der Gesellschaft für niedersächsische Kirchengeschichte* 119/120 (2022), S. 121–147.

<u>112</u> Siehe Besucherbuch der Herzog Albrecht Bibliothek Wolfenbüttel (1726–1769, 1770–1778), Signatur BA I, 152, S. 57v. Vgl. auch Mechthild Raabe: *Leser und Lektüre im 18. Jahrhundert. Die Ausleihbücher der Herzog August Bibliothek Wolfenbüttel 1714-1799.* München 1989, S. XXXVIII. Vor Voltaire hatte auch schon sein berühmter Zeitgenosse Montesquieu die Bibliothek besucht. Siehe Jürgen Overhoff: *Wo die Bibliothek viel schöner als das Schloss ist. Montesquieu in der herzoglichen Residenzstadt Wolfenbüttel.* In: Hole Rößler/Marie von Lüneburg (Hg.): *Bitte eintragen! Die Besucherbücher der Herzog August Bibliothek 1667–2000.* Wolfenbüttel 2021, S. 71–78. Über Voltaires Besuch schreibt die Herzogin Philippine Charlotte an ihren Bruder, den preußischen König, am 1. November 1743, sie sei sehr erstaunt, daß Voltaire nach seinem Berlinaufenthalt so begeistert von Braunschweig gewesen sei. Siehe *Aus den Briefen der Herzogin Philippine Charlotte von Braunschweig 1732-1801. I. Band: 1732–1768.* Mitgeteilt von Hans Droysen. Wolfenbüttel 1916, S. 60.

<u>113</u> Siehe Voltaire: *Les Questions de Zapata.* In: *Mélanges* (Anm. 2), S. 949.

<u>114</u> Siehe Paul Raabe und Barbara Stutz: *Lessings Büchernachlaß. Verzeichnis der von Lessing bei seinem Tode in seiner Wohnung hinterlassenen Bücher und Handschriften.* Göttingen 2007, S. 25 (Nr. 241), S. 81 (Nr. 247). Ob und wann Lessing das Buch ganz oder teilweise gelesen hat, ist unbekannt; in der Forschung zum

dramatischen Gedicht *Nathan der Weise* bzw. zur Ringparabel spielt es, soweit ich sehe, keinerlei Rolle, obwohl es im Brief V über Swift überwiegend um die im *Tale of a Tub* enthaltene Anverwandlung der Geschichte von den drei Ringen durch die Geschichte von den drei Mänteln geht. Siehe Voltaire: *Lettres sur Rabelais.* In: *Mélanges* (Anm. 2), S. 1185-1186; OC 63B, S. 422–425; *Aus den Briefen* (Anm. 2), S. 400–402. Diese Diskussion der Ringparabel durch Voltaire wurde nicht bemerkt in Achim Aurnhammer, Giulia Cantarutti und Friedrich Vollhardt (Hg.): *Die drei Ringe. Entstehung, Wandel und Wirkung der Ringparabel in der europäischen Literatur und Kultur.* Berlin/Boston 2016.

115 Siehe zuletzt Ritchie Robertson: *The Enlightenment. The Pursuit of Happiness, 1680–1790.* [London] 2020, S. 226–231. Eine zentrale Schrift war Christian Wilhelm Dohms *Von der bürgerlichen Verbesserung der Juden,* die insbesondere den Göttinger Aufklärungsphilosophen Michael Hißmann zu judenfeindlichen Bemerkungen provozierte.

116 Zu Voltaires Bibelexegese siehe auch Jürgen von Stackelberg: *„Wir müssen unseren Garten bebauen". „Candide" als Experimentalroman und andere Voltaire-Studien.* Berlin 2010, S. 150–160; zu den Wundern siehe Voltaire: *Philosophisches Taschenwörterbuch.* Nach der Erstausgabe von 1764 erstmals vollständig ins Deutsche übersetzt von Angelika Oppenheimer. Hg. von Rainer Bauer. Stuttgart 2020, S. 313–320.

117 Ludwig Heinrich von Nicolay über sein Treffen mit Voltaire in: Edmund Heier: *L. H. Nicolay (1737–1820) and His Contemporaries. Diderot, Rousseau, Voltaire, Gluck, Metastasio, Galiani, D'Escherny, Gessner, Bodmer, Lavater, Wieland, Frederick II, Falconet, W. Robertson, Paul I, Cagliostro, Gellert, Winckelmann, Poinsinet, Lloyd, Sanchez, Masson, and Others.* The Hague 1965, S. 99.

118 Bultmann: *Bibelrezeption* (Anm. 34), S.120.

119 Voltaire: *Lettres sur Rabelais.* In: *Mélanges* (Anm. 2), S. 1211; OC 63B, S. 469; *Aus den Briefen* (Anm. 2), S. 416.

120 Siehe Peter Schäfer: *Jüdische Polemik gegen Jesus und das Christentum.* München 2017, S. 23–55, 56 (Erwähnung Voltaires).

121 Voltaire: *Lettres sur Rabelais.* In: *Mélanges* (Anm. 2), S. 1215; OC 63B, S. 476; *Aus den Briefen* (Anm. 2), S. 421.

122 Voltaire: *Lettres sur Rabelais.* In: *Mélanges* (Anm. 2), S. 1215; OC 63B, S. 476; *Aus den Briefen* (Anm. 2), S. 422.

123 Mendelssohn: *Ausgewählte Werke. Studienausgabe. Band II* (Anm. 24), S. 51. Der Antwortbrief dort S. 51–55. Zum Brief des Erbprinzen siehe Christoph Schulte: *Moses war nicht Nathan. Die Ringparabel und Mendelssohns Kritik am Christentum.* In: *Mendelssohn-Studien. Beiträge zur neueren deutschen Kulturgeschichte* 19. Hannover 2015, S. 11–25; jetzt auch in Christoph Schulte: *Von Moses zu Moses... Der jüdische Mendelssohn. Studien.* Hannover 2020, S. 60–76; Stern: *Karl Wilhelm Ferdinand* (Anm. 10), S. 52.

124 Siehe Till Kinzel: *Shakespeare, Voltaire und Eschenburg. Zur Theorie- und Praxisgeschichte der Literaturkritik im „Frontsystem Aufklärung".* In: Cord-Friedrich Berghahn und Till Kinzel (Hg.): *Johann Joachim Eschenburg und die Künste und Wissenschaften zwischen Aufklärung und Romantik. Netzwerke und Kulturen des Wissens.* Heidelberg 2013, S. 297–309; Johann Joachim Eschenburg: *Von Chaucer zu Pope. Essays und Übersetzungen zur englischen Literatur des Mittelalters und der Frühen Neuzeit.* Hg. von Till Kinzel. Hannover 2013, S. 120–151 (Zitat S. 125).

125 Kinzel: *Shakespeare, Voltaire und Eschenburg* (Anm. 124), S. 304–305.

126 So in der zweiten Abteilung des achten Bandes von Eschenburgs *Beispielsammlung zur Theorie und Literatur der schönen Wissenschaften.* Berlin/Stettin 1795, S. 393. Eschenburg bezieht sich zwar in seinen Anmerkungen zum Abdruck von Voltaires Gespräch zwischen Lukian, Erasmus und Rabelais auf die sämtlichen Werke und deren Register im 71. Band, doch ist zumindest in seinem eigenen Büchernachlaß diese Werkausgabe nicht nachweisbar.

127 Ernst Ziegler: *Burckhardt und Schopenhauer. Eine Anthologie*, Basel 2015, S. 55.

128 Arthur Schopenhauer: *Die Welt als Wille und Vorstellung* II. Hg. von Otto Weiß. Leipzig 1919, S. 725.

129 Siehe David Friedrich Strauß: *Voltaire.* Stuttgart 1941. Bemerkenswert ist in dieser Ausgabe der außerordentlich umfangreiche Einleitungsteil.

130 Siehe auch Heinrich Meier: *Nietzsches Vermächtnis. „Ecce homo" und „Der Antichrist". Zwei Bücher über Natur und Politik.* München 2019, S. 103.

131 Siehe Andreas Urs Sommer: *Der Geist der Historie und das Ende des Christentums. Zur „Waffengenossenschaft" von Friedrich Nietzsche und Franz Overbeck.* Mit einem Anhang unpublizierter Texte aus Overbecks „Kirchenlexicon". Berlin 1997.

132 Siehe zu dieser eminent wichtigen Stelle Guillaume Métayer: *Nietzsche et Voltaire. De la liberté de l'esprit et de la civilisation.* Paris 2011, S. 239–241. Nietzsches

späterer Basler Kollege Jacob Burckhardt charakterisiert Voltaire in seinen 1852/53 gehaltenen Vorträgen folgendermaßen: „In seinem äussern Leben war er zu sehr an das Bestehende gebunden, um radikal zu sein. Er begnügte sich im Ganzen mit dem Krieg gegen die geoffenbarte Religion und besonders gegen die katholische Kirche, wobei er das ganze Mittelalter mitnimmt, sowie das Judentum." Siehe Jacob Burckhardt: *Das Zeitalter Friedrichs des Großen*. Hg. von Ernst Ziegler. München 2012, S. 71.

133 Vgl. Till Kinzel: *Lord Byron's Manfred, Nietzsche and Philosophy's Fatal Truth*. In: *Comparatio* 1.2 (2009), S. 321–338.

134 Vgl. Peter Albrecht, Hans Erich Bödeker und Ernst Hinrichs (Hg.): *Formen der Geselligkeit in Nordwestdeutschland 1750–1820*. Tübingen 2003.

135 Siehe Karl Jaspers: *Nietzsche*. Hg. von Dominic Kaegi und Andreas Urs Sommer. Basel 2020, S. 473.

136 Heinrich Meier: *Nietzsches Vermächtnis. „Ecce homo" und „Der Antichrist". Zwei Bücher über Natur und Politik*. München 2019, S. 9, 16.